Sonderbände
des Naturwissenschaftlichen Vereins in Hamburg 3

---

22. Phylogenetisches Symposion:

D. Starck
H. F. Moeller
W. Maier
G. Hahn:

Das evolutive Plateau Säugetier

Origin and Early Evolution of Mammals

1978 Schriftleitung: Prof. Dr. Otto Kraus, Hamburg

VERLAG PAUL PAREY · HAMBURG UND BERLIN
Spitalerstraße 12 · D–2000 Hamburg 1

Walter Fiedler

Sonderbände
des Naturwissenschaftlichen Vereins in Hamburg

Schriftleitung: Prof. Dr. OTTO KRAUS, Hamburg
Redaktion: UTE GRIMM

Die Sonderbände des Naturwissenschaftlichen Vereins in Hamburg erscheinen in unregelmäßiger Folge. Sie sind Einzelveröffentlichungen vorbehalten.

This publication is included in the abstracting and indexing coverage of the Biosciences Information Service of Biological Abstracts.

Gedruckt mit Unterstützung der
Joachim Jungius-Gesellschaft der Wissenschaften, Hamburg

ISBN 3-490-12996-2
ISSN 0341-6313. ASTM-Coden: AVNHAV

Inhalt

V o r w o r t

Das 22. Phylogenetische Symposion (Karlsruhe, 25. - 27. November 1977) behandelte das Thema "Ursprung und frühe Radiation der Säugetiere". Die hierzu auch noch in neuerer Zeit vertretenen unterschiedlichen Auffassungen haben bewirkt, daß selbst in verbreiteten Lehr- und Handbüchern voneinander abweichende Darstellungen zu finden sind. Das gilt nicht nur für den Aspekt, ob und inwieweit die Säugetiere als streng monophyletisch anzusehen sind; noch wesentlicher ist die Klärung der sich daran direkt anschließenden Frage nach den tatsächlichen phylogenetischen Zusammenhängen zwischen den teils ausgestorbenen, teils bis heute überlebenden großen Teilgruppen der Mammalia. Hierzu waren von den Rednern umfangreiche Daten und vor allem auch neue Befunde aufzuarbeiten, zu sichten und zu bewerten. Da es sich hierbei um die Ergebnisse durchaus unterschiedlicher Arbeitsrichtungen handelt, war ein weiter Bogen zu spannen - von der Paläontologie, Paläobiologie und Palökologie bis hin zu Vergleichender Anatomie und Ontogeneseforschung.

Damit befaßte sich das Symposion zwar primär mit einer Tiergruppe, aber es wurde zugleich von allen Beteiligten großer Wert darauf gelegt, gerade das Allgemeine besonders herauszustellen. Das gilt nicht zuletzt für die bei der Deutung von Befunden angewandten Prinzipien der Argumentation und für die besondere Betonung coevolutorischer Aspekte.

Der Unterzeichnete möchte, zugleich auch im Namen aller Teilnehmer und Interessenten, auch an dieser Stelle all' denjenigen herzlich danken, die das Symposion bei der inhaltlichen Planung und bei der Organisation mit getragen haben — ganz besonders Herrn Professor Dr. D. STARCK (Frankfurt a. M.). Darüber hinaus gilt dieser Dank in gleicher Weise den Vortragenden, die sich bereitwillig zur Verfügung stellten und sich im Anschluß an die Tagung der Mühe unterzogen, Manuskripte ihrer Vorträge zu erarbeiten - teils in wesentlich erweiterten Fassungen. Alle Beteiligten sind dem Naturwissenschaftlichen Verein in Hamburg zu großem Dank dafür verpflichtet, daß er die erforderliche Unterstützung bei der Drucklegung gewährte, indem er den Band in die Reihe seiner Publikationen aufnahm.

OTTO KRAUS

Sonderbd. naturwiss. Ver. Hamburg	3	7–33	Hamburg 1978

Das evolutive Plateau Säugetier

Eine Übersicht unter besonderer Berücksichtigung der stammesgeschichtlichen und systematischen Stellung der Monotremata*)

Von
DIETRICH STARCK, Frankfurt a. M.

Mit 12 Abbildungen

Inhalt

*) Vortrag gehalten auf dem 22. Phylogenetischen Symposion in Karlsruhe, 25. - 27. November 1977

A. Einleitung

Die außerordentlichen Fortschritte in der Deutung der Herkunft und frühen Radiation der Säugetiere in den letzten Jahrzehnten sind vor allem neuen Fossilfunden und deren Bearbeitung zu verdanken. In der Diskussion dieser Ergebnisse wird häufig übersehen, daß gleichzeitig die Erforschung der basisnahen rezenten Mammalia (Monotremata, Marsupialia, Insectivora) erheblich gefördert wurde und gleichfalls Ergebnisse von grundsätzlicher Bedeutung vorzuweisen hat. Dies betrifft sowohl die Morphologie wie die Ontogenese, das Verhalten und die Physiologie. Die Deutung der Fossilfunde kann abgesichert und erweitert werden, wenn die Resultate der Aktualforschung berücksichtigt werden. Vorliegender Beitrag soll Bausteine zu einer Synthese liefern. Im Mittelpunkt steht der Säugetierorganismus als Ergebnis eines komplexen Evolutionsgeschehens unter Berücksichtigung konstruktiver Gegebenheiten, nicht die Analyse eines Merkmals oder Merkmalkomplexes.

Aus verständlichen Gründen spielt die Analyse des Gebisses im paläontologischen Schrifttum eine überragende Rolle. Wenn in der folgenden Darstellung die Odontologie zurücktritt, so allein deshalb, weil eine große Anzahl zuverlässiger Publikationen vorliegt (BUTLER, CROMPTON, CLEMENS, GREGORY, HAHN, HOFFSTETTER, KERMACK, KIELAN-JAWOROWSKA, KÜHNE, PATTERSON, SIMPSON, VANDEBROEK u.a.),auf die ausdrücklich verwiesen sei. Auch die funktionelle Analyse des Gebisses (CROMPTON, HIIEMAE, KAY, MAIER) findet zunehmend Aufmerksamkeit. Die Zahnmorphologie liefert entscheidende Daten zur Klärung der systematischen und stammesgeschichtlichen Stellung. Dennoch ist die gelegentlich geäußerte Meinung, daß Zahnmerkmale sehr viel konservativer als Skeletmerkmale seien, zu Recht von SZALAY (1976) zurückgewiesen worden.

Stammesgeschichte kann nicht durch Deskription und Aneinanderreihung von Einzeldaten erschlossen werden, sondern bedarf einer Analyse des Selektionsprozesses, der Anpassungserscheinungen und fordert die Rekonstruktion. Hierzu sollten in breitem Ausmaß die Befunde an rezenten Formen herangezogen werden.

An der Grenze von Kreidezeit und Tertiär erfolgt weltweit ein Wechsel im Faunenbestand. Die im Mesozoikum dominierenden Archosaurier sterben aus, und die Formenentfaltung der Säugetiere beginnt. Die Ursachen hierfür sind oft diskutiert, aber wohl nicht endgültig generell aufgeklärt. Aus der Diskussion der letzten Zeit sei auf drei Hypothesen verwiesen. Ursache für das Aussterben der Dinosaurier soll die Konkurrenz durch Säugetiere, die als Eiräuber spezialisiert waren, gewesen sein. ERBEN (1972) weist darauf hin, daß die Suche nach einer einheitlichen Ursache für das Aussterben der Dinosaurier sinnlos sei, und die Frage für verschiedene Stammeslinien gesondert zu prüfen sei. An mehreren *Hypselosaurus*-Populationen aus der Oberkreide Südfrankreichs und Spaniens konnte er nachweisen, daß kurz vor Erlöschen der Population pathologische Veränderungen der Eischale auftreten (verdünnte Schalen durch Östrogenausfall; mehrfache Schalenbildung durch Vasotocinausfall), deren Ursache in Störungen des Haushalts der Hypophysenhormone zu suchen sei. Diese könnte durch Stress bei vorübergehender Überbevölkerung oder durch einseitige Ernährung durch Sumpfpflanzen verursacht gewesen sein. SWAIN (1976) führt pathologische Erscheinungen und schließlich das Aussterben der großen Archosaurier auf die Tatsache zurück, daß die Angiospermen am Ende der Kreidezeit in zunehmendem Maße Gerbsäure und toxische Alkaloide bildeten, gegen die Dinosaurier keine Schutzmechanismen besaßen.

Die Vorstellung, daß die Säugetiere die Dinosaurier verdrängten, hat wenig Wahrscheinlichkeit für sich. Es dürfte eher umgekehrt liegen, und das Aufblühen der Säugetiere eine Folge des Verschwindens der großen Reptilien sein. Säugetiere haben lange Zeit hindurch neben den Dinosauriern existiert, sind also Vertreter eines relativ alten Stammes.

Älteste Reste sind aus Trias, Jura und Kreide bekannt und belegen eine erste Formenradiation. Die Annäherung theriodonter Synapsiden an säugerähnliche Organisationsformen ist heute mehrfach nachgewiesen (*Diarthrognathus* CROMPTON, *Probainognathus* ROMER). Während des Perm waren synapside Reptilien dominierend. Der Rückgang der Therapsiden in der Trias führt nicht zur Entfaltung der Säugetiere, sondern leitet zunächst das Zeitalter der Archosaurier ein. Offenbar hat während der Blütezeit dieser Großformen ein kleiner Stamm von Synapsiden in Randzonen, die den Dinosauriern nicht zugänglich waren, überdauert und kam erst zur Blüte, als die hochspezialisierten Saurier infolge mangelnder Anpassungsfähigkeit ausstarben. Diese Ursäuger konnten nun die zuvor von Reptilien besetzten Nischen erobern. Das gleichzeitige Aufkommen von Blütenpflanzen und die damit verbundene Vermannigfaltigung der Insekten begünstigten diesen Vorgang. Zwar sind viele Familien der Angiospermen und viele Insektengruppen sehr viel älter als die Säugetiere (Abb. 1) der zweiten Radiation, doch setzt erst jetzt die Ausbildung spezialisierter Blütenformen und blütenbesuchender Insekten ein.

B. Kennzeichnung der Säugetiere

Ursprüngliche Säugetiere waren von geringer Körpergröße und besaßen gegenüber Reptilien eine größere Anpassungsbreite dank eines guten Schutzes gegen Wärmeverlust (Haarkleid, Stoffwechselaktivität, Homoiothermie) und dank ihrer größeren Aktivität. Die Geschichte der Säugetiere reicht über einen Zeitraum von 180 bis 200 Millionen Jahren zurück. Die definitive Radiation des Stammes setzt aber erst vor etwa 65 Millionen Jahren (Grenze Kreide-Paleozaen) ein. Die Geschichte des Säugetierstammes vor Eintritt in diese zweite Radiationsphase ist also etwa doppelt so lang wie die Zeit, die seit der Entstehung der meisten Säugerordnungen verstrichen ist.

Säugetiere sind durch eine derart große Zahl von Merkmalen gegenüber allen übrigen Vertebraten abgegrenzt, daß es in keinem Fall Zweifel über die Zuordnung gibt, wenn man ein rezentes Säugetier mit einem rezenten Reptil vergleicht. Ich gehe im folgenden bewußt von dem Zustand aus, bei dem dies "evolutive Plateau Säugetier" bereits erreicht ist. Auf Befunde aus dem breiten Übergangsfeld

Nichtsäuger - Säugetier wird später zurückzukommen sein.

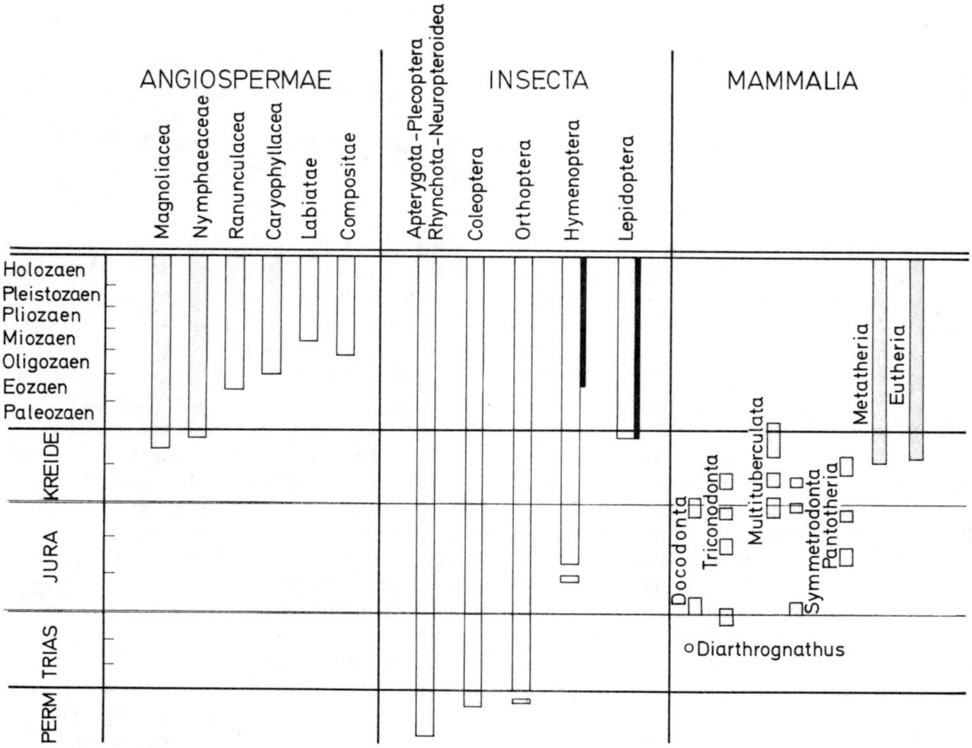

Abb. 1: Zeitfolge des Auftretens einiger Angiospermae, Insecta und Mammalia (nach mehreren Autoren, stark vereinfacht). Blütenbesuchende Insekten (Hymenoptera und Lepidoptera) sind durch den schwarzen Streifen markiert.

Als Schlüsselmerkmale sollen zunächst drei Hauptkomplexe herausgestellt werden, wobei bemerkt sei, daß auch diese in mannigfacher Weise verzahnt und voneinander abhängig sind.

1. Zunächst sei auf die zunehmende Plastizität vieler physiologischer und ethologischer Mechanismen hingewiesen, die auf Grund progressiver Entfaltung von Teilen des Zentralnervensystems den Übergang in eine neue Adaptationszone ermöglichte.

2. Weiterhin sei der ganze Komplex Gebiß-Kiefer-Kiefergelenk, Kaumuskulatur und schalleitender Apparat genannt und schließlich wird

3. auf Ontogeneseablauf, Embryonalentwicklung und Brutpflege einzugehen sein. Die drei rezenten Unterklassen haben allerdings in diesem Bereich ein sehr verschiedenes Evolutionsniveau erreicht und früh getrennte Wege eingeschlagen.

1. Cerebralisation und Spezialisation der Sinnesssysteme

Ausgangspunkt für die progressive Zerebralisation dürfte die progressive Entfaltung der Nase und des Riechhirns gewesen sein. Die enorme Ausdehnung der Riechlappen wurde von SIMPSON bei Multituberculata gezeigt. Kennzeichnend ist die Dominanz des olfaktorischen über die übrigen Sinnessysteme. Die Abhängigkeit der Ausbildung nervöser Zentren von den Rezeptoren ist entwicklungsphysiologisch vielfach nachgewiesen worden. Riechen spielt beim Auffinden der Nahrung und in der Umweltorientierung ancestraler Säugetiere eine wesentliche Rolle, gewinnt aber auch früh an Bedeutung im Sozial- und Sexualverhalten und bei der innerartlichen Kommunikation. Säugetiere sind nämlich auch olfaktorische Signalgeber und haben - ein weiteres Schlüsselmerkmal der Klasse - eine außerordentliche Fülle von Hautdrüsenorganen entwickelt, die differenzierte Duftstoffe aussenden können. SCHULTZE-WESTRUM (1965) hat experimentelle Untersuchungen über die Differenzierung der Duftstoffe und die innerartliche Verständigung mit ihrer Hilfe bei *Petaurus* nachgewiesen und etwa 20 verschiedene Signal-Möglichkeiten gefunden. Die Untersuchungen von PODUSCHKA an Insectivora weisen auf ähnliche Spezialisierungen hin.

2. Hautdrüsenorgane, Integument

Die außerordentliche Vielgestaltigkeit in der Ausgestaltung der Hautdrüsenorgane setzt natürlich eine entsprechende Struktur des Integumentes, mäßig verhornte haartragende und verschiebliche Epidermis voraus. Damit eröffnet sich zugleich die Möglichkeit, Hautdrüsen auch in den Dienst weiterer Funktionskreise - Wärmeregulation, Exkretion und Ernährung der Jungen durch Drüsensekret - zu stellen.

Die Ernährung der Jungen durch Milch setzt, jedenfalls primär, voraus, daß diese saugen können. Mit der neuen Art der Brutpflege sind daher verknüpft der Erwerb eines Verschlusses zwischen Nase und Mundhöhle - Ausbildung eines sekundären Gaumens und Gaumensegels - , einer muskularisierten Zunge und der Besitz eines Vestibulum oris mit Ausbildung muskularisierter Lippen und Wangen. Die Muskularisierung dieser Gesichtsweichteile wird möglich, weil Muskulatur des Hyalbogens bei der Umkonstruktion des Kiefer-Branchialapparates frei wird und weil die mäßig verhornte Epidermis verschieblich wird. Diese Muskulatur wird dann zugleich zum Träger wichtiger Ausdrucksfunktionen (Mimik). Dies Beispiel zeigt gleichzeitig sehr deutlich die wechselseitige Abhängigkeit und Verknüpfung der verschiedenen Konstruktions- und Funktionssysteme.

3. Stomatognathes System, Gebiß-Kauapparat

Die besprochenen Differenzierungen im Bereich des Munddarmes sind zugleich wichtige Bausteine auch im Kiefer-Kauapparat des Erwachsenen. Säugetiere haben ein diphyodontes und heterodontes Gebiß, das in Schneide-, Fang- und Mahlzähne differenziert ist. Die vom Trigeminus innervierte Kaumuskulatur hat ein eigenes, von dem der Reptilien ganz abweichendes Muster ausgebildet. Die Mundspalte ist im Vergleich zu Nichtsäugern kleiner geworden (Abb. 2), da die Nahrung zerkleinert wird. Seit der Kreidezeit hatte sich schrittweise der Kronentyp des tribosphenischen Molaren (SIMPSON 1936) entwickelt, der ein komplexes System von Scherkanten und Quetscheinrichtungen darstellt und primär offenbar an insektivore Ernährung angepaßt ist (CROMPTON, HIIEMAE, KAY, MAIER). Er hat sich als außerordentlich effizient erwiesen, zumal er als Ausgangstyp für verschiedene Sonderanpassungen geeignet ist. Mit dem

Rückgang der Reptilfauna eröffnen sich für Säugetiere zahlreiche neue ökologische Nischen, insbesondere im Bereich der Ernährung. Neben echten Raubsäugern treten nach und nach auch Anpassungen an pflanzliche Nahrung auf. Damit wird seit dem Paleozaen der Weg für eine neue Radiation der Säugetiere frei.

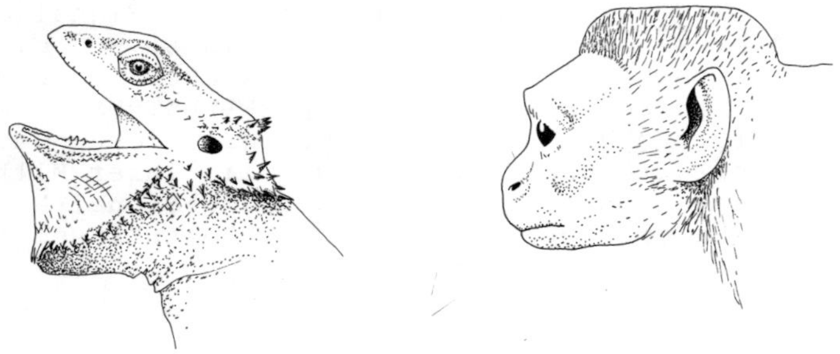

Abb. 2: Lage des Mundwinkels und Breite der Mundöffnung bei Nichtsäugern mit primärem Kiefergelenk (*Amphibolurus barbatus*) dicht vor der äußeren Ohröffnung, bei Säugetieren (*Cebus capucinus*, nach VALLOIS) mit sekundärem Kiefergelenk und Lippen-Wangenbildung in Höhe des Auges.

Die exakte und aufs genaueste mit der Kronenform korrelierte Aktion im Kauakt und die erhöhte Kraftleistung erfordern grundsätzliche Umkonstruktionen am ganzen Kauapparat. Bei Reptilien greift die Adduktorenmuskulatur hinter dem zahntragenden Teil des Unterkiefers an. Sie ermöglicht, dank der Hebelwirkung, ein schnelles Zuschnappen, aber keinen kraftvollen Kauakt. Beim Säugetier liegen die Ursprungs- und Ansatzfelder der Muskeln weiter vorn und reichen weit in den zahntragenden Abschnitt hinein. Die Zähne können so unter direkter Einwirkung der Muskeln einen hohen Quetschdruck ausüben und erfahren eine exakte Führung. Diese Umkonstruktionen stehen natürlich in enger Beziehung zur Vorverlagerung des neuen Kaugelenkes, des Squamosodentalgelenkes, mit der Reduktion der Deckknochen des hinteren Unterkieferabschnittes, mit der Verkleinerung der Mundspalte und den Umbildungen am schalleitenden Apparat. Säuger besitzen drei Gehörknöchelchen. Zu der bereits bei niederen Tetrapoden vorhandenen Columella auris, die zum Stapes wird, werden Articulare als Malleus und Quadratum als Incus dem schalleitenden Apparat zugeschlagen.

Primäres und sekundäres Kiefergelenk liegen im morphologischen Sinne, d.h. in ihren Beziehungen zu Muskulatur, Nerven usw., hintereinander. Das Quadratoarticulargelenk liegt an der Grenze von Facialis- und Trigeminusmuskulatur, das Squamosodentalgelenk liegt im Bereich der Trigeminusmuskulatur (M. detrahens mandibulae - N.V. - und M. mallei externus rudim. hinter dem Gelenk). Der Nerv. auriculotemporalis (N.V 3) liegt vor dem Quadratoarticulargelenk, aber hinter dem Squamosodentalgelenk. Dies schließt nicht aus, daß topographisch beide Gelenke eng nebeneinander rücken, wie es zwangsläufig bei Reduktion des hinteren Unterkieferbereichs zu erwarten ist. Die oft erhobene Forderung, daß während der Umbildungsphase beide Gelenke exakt nebeneinander liegen und eine gemeinsame Achse haben müssen, ist unnötig, da auch zwischen den definitiven Kiefergelenken beider Kopfseiten bei Säugetieren nicht immer eine gemeinsame Drehachse existiert.

Neubildung eines sekundären Kiefergelenkes zwischen zwei Deckknochen setzt eine Annäherung beider aneinander voraus. Eine Verlagerung des Squamosum nach latero-ventral, in Richtung auf das Dentale wird offensichtlich durch die Hirnvergrößerung, speziell die Verbreiterung des Endhirns (Abb. 9) eingeleitet. Die Umbildungen am Gehirn und am Kieferapparat sind korreliert und voneinander abhängig. Der stammesgeschichtliche Ablauf erschließt sich nicht aus dem Nachweis der Umbildung eines Einzelmerkmals, sondern muß unter dem Aspekt der konstruktiven Umgestaltung des ganzen Organismus verstanden werden.

Die morphologische Analyse der Konstruktion sagt aber häufig noch nichts aus über Reihenfolge und zeitlichen Ablauf des Auftretens der einzelnen Teilprozesse in der Stammesgeschichte. Hier kann die Palaeontologie wichtige Aussagen machen. Ausbildung des heterodonten Gebisses, des sekundären Gaumens und Reduktion im hinteren Unterkieferbereich werden bereits während der Reptilphase erreicht, also vor der Entfaltung von Nase, Endhirn und Umkonstruktion des schalleitenden Apparates. Auch die Ausbildung der Gesichtsweichteile (Vibrissen bei Theriodontiern, BROILI 1939, 1941/42) dürfte früh erreicht worden sein. Die Ausbildung des tribosphenischen Molaren und Umbildungen im Komplex "Kiefergelenk-Gehörknöchelchen" spielen jedenfalls Schlüsselrollen bei der Säugetierwerdung.

4. Homoiothermie, Stoffwechsel, Atmung, Exkretion

Säugetiere können ihre Körpertemperatur konstant halten, sind also homoiotherm. Damit wird eine hohe Aktivität des Stoffwechsels, eine nokturne Lebensweise und eine weitgehende Unabhängigkeit von äußeren Einflüssen erreicht, und eine subtile Regulationsfähigkeit der Vorgänge des intermediären Stoffwechsels nötig. Als Schutz gegen Wärmeverlust wird das Haarkleid ausgebildet, das offenbar früh entstanden ist (Theriodontia). Haaranaloge Bildungen sind offenbar mehrfach aus Reptilschuppen entstanden (*Sordes pilosus*, Pterosauria). Die Umbildungen am Kauapparat ermöglichen eine bessere Verarbeitung der Nahrung. Wir müssen annehmen, daß hierbei auch weitgehende Umkonstruktionen am ganzen Darmkanal, vor allem an den Drüsen und damit letzten Endes Änderungen der biochemischen Mechanismen nötig wurden.

Erhöhter Stoffumsatz und Intensivierung der Verbrennungsprozesse stellen erhöhte Anforderungen an die Atmung. Diese werden morphologisch erfaßbar im Feinbau der Lunge, in der Kernlosigkeit der Erythrocyten und in der Vervollkommnung des thorakalen Atmungsmechanismus. Daß der Kernverlust der Erythrocyten im Sinne eines besseren O_2-Bindungsvermögens aufzufassen ist, wird unterstrichen durch das Vorkommen von kernlosen roten Blutzellen bei lungenlosen Salamandern (Plethodontia) und durch die Tatsache, daß bei Axolotln (*Ambystoma*) nach Amputation der äußeren Kiemen kernlose Erythrocyten auftreten. Kernverlust bedingt Unfähigkeit zur Teilung und beschränkt die Lebensdauer der Blutzellen. Daher müssen haemopoetische Organe den dauernden Nachschub sichern. Das rote Knochenmark ist ein echtes Säugetiermerkmal.

Die Vervollkommnung des thorakalen Atmungsmechanismus wird durch Ausbildung eines muskularisierten Zwerchfells und seiner Hilfsmuskeln (Musc. serrati posteriores) und durch komplexe Wirbel-Rippengelenke erreicht.

Parallel zur Intensivierung des Stoffwechsels und der Atmung erfolgt ein Ausbau der Kreislauforgane. Wie bei den gleichfalls homoiothermen Vögeln werden die Herzkammern durch ein Septum getrennt. Die großen Stämme des peripheren Arteriensystems bilden wenig verzweigte Leitungsbahnen zu den Organen. Diese selbst werden reichlich vaskularisiert. Die physiologischen Steuerungsmechanismen werden vervollkommnet (Blutdruck, feinere Kreislaufregulationen). Präzise Hautdurchblutung ist ein wichtiger Teilvorgang im Rahmen der Wärmeregulation. Zunehmende Differenzierung des vegetativen Nervensystems und seiner Zentren mag verdeutlichen, daß der Ausbau des Zentralnervensystems keineswegs allein in Hinblick auf das Endhirn gesehen werden darf.

Im Rahmen der Stoffwechselfunktionen muß als besonders bedeutsam hervorgehoben werden, daß die Abbauprodukte des Eiweißstoffwechsels nicht, wie bei Sauropsiden, vorwiegend als Harnsäure, sondern als leicht löslicher Harnstoff ausgeschieden werden. Dies gilt auch für Monotremata (*Tachyglossus*; GRIFFITHS). Die schwerlösliche Harnsäure wird bei Sauropsiden ohne nennenswerten Wasserverlust abgegeben. Erhöhung des Blutdruckes und Absonderung größerer Mengen dünnflüssigen Urins durch verbesserte Glomerulus-Ultrafiltration führt zu vermehrter Wasserabgabe. Diese wird durch den Ausbau der rückresorbierenden Abschnitte in den Nephronen kompensiert.

Die Möglichkeit zu rascher Ausscheidung der Endprodukte des N-Stoffwechsels, also die Harnstoffexkretion, eröffnet erst die Möglichkeit zum Ausbau der feto-maternellen Austauschorgane. Alle Eutheria besitzen eine Placenta. Ansätze zu Placentarbildungen kommen bei einigen Lepidosauria vor, haben aber nie den Vervollkommnungsgrad wie bei Säugetieren erreichen können. Die Ausscheidung von Harnstoff ist eine Voraussetzung zur Entwicklung leistungsfähiger Placentarorgane.

Ich beschränke mich zur Kennzeichnung des evolutiven Niveaus "Säugetier" auf das Gesagte. Eine vollständige Aufzählung aller Charakteristika müßte buchstäblich alle Organsysteme einschließen. Stichwortartig sei verwiesen auf folgende Merkmale: Stellung und Struktur der Extremitäten, Spina scapulae. Reduzierte Zahl der Phalangen (2 - 3 - 3 - 3 - 3). Fixierte Zahl der Halswirbel. Fehlen freier Cervikal- und Lumbalrippen. Dicht beieinanderliegende äußere Nasenöffnungen. Windungen der Schnecke. Descensus testis.

Viele der besprochenen Merkmale sind bei Theriodontiern vorbereitet. Kennzeichnend für das Säugetier bleibt die gesamte Merkmalskombination. Bei rezenten Formen wird man nie im Zweifel sein. Problematisch kann die Entscheidung bei Zwischenformen aus dem Übergangsfeld sein, zumal die meisten Weichteilmerkmale bei Fossilformen nicht überprüfbar sind. Daher wurde verschiedentlich (REED 1960, VAN VALEN 1960) vorgeschlagen, auf die Definition einer Reptil-Säuger-Grenze zu verzichten und den gesamten Synapsidenstamm bis zu den Pelycosauriern als Säugetiere zu bezeichnen. Ein derartiges Vorgehen ist nicht nur für den Systematiker höchst unzweckmäßig, denn es läßt außer acht, daß die Säugetiere durch eine Fülle von Anpassungen ein neues Adaptationsniveau erreicht haben, und daß eine scharfe Grenze nicht zu erwarten ist, wo die Natur Übergänge zwischen den Klassen geschaffen hat (SIMPSON). Aus praktischen Gründen besteht nahezu Einmütigkeit darüber, eine problematische Form als Säugetier einzustufen, wenn ein sekundäres Kiefergelenk und drei Gehörknöchelchen nachweisbar sind. Offen bleibt die Frage, ob dieser Zustand in allen Stammeslinien gleichzeitig erreicht wurde. Vieles spricht dafür, daß mehrere Theriodontierlinien unabhängig voneinander diese Reptil-Säuger-Grenze überschritten haben (SIMPSON). Die Diskussion darüber, ob Säugetiere mono- oder polyphyletisch entstanden seien, ist aber ein Scheinproblem, denn die Herkunft der Säuger aus einer Wurzel ist auch dann möglich, wenn die entscheidende Grenze der Adaptationszonen getrennt überschritten wurde.

Während die drei rezenten Teilklassen - Monotremata, Metatheria und Eutheria - sich in Hinblick auf die besprochenen Merkmalskomplexe als recht einheitlich erweisen, bestehen grundsätzliche Differenzen im Ontogenesemodus und in der Brutpflege.

Die Besprechung dieses Komplexes soll zugleich Anlaß sein, auf die systematische und stammesgeschichtliche Stellung der drei Gruppen zueinander einzugehen.

5. Ontogenesemodus und Brutpflege

Die Monotremen legen große, dotterreiche Eier ab ,die meroblastische, diskoidale Furchung zeigen (J.P. HILL). Der Ontogenesemodus mit Embryonalkörperbildung und Ausbildung von Serosa und Amnion erfolgt in der gleichen Weise wie bei Sauropsiden, ist also zweifellos von ancestralen Formen direkt übernommen worden.

Tachyglossus bildet einen temporären Brutbeutel aus. *Ornithorhynchus* legt die Eier in einem Nest ab und besitzt keinen Beutel. Hier muß betont werden, daß eine Homologie des Beutels von *Tachyglossus* mit dem Marsupium der Beuteltiere äußerst zweifelhaft ist, denn beide entwickeln sich auf verschiedene Weise aus verschiedenem Material. Das "Incubatorium" von *Tachyglossus* entsteht als passagere Bildung aus unpaarer Anlage in Form einer Hautfalte in der Nabelgegend. Das Marsupium der Beuteltiere entwickelt sich aus paarigen Anlagen in der Leistengegend, die mit den Scrotalanlagen in Zusammenhang stehen (KAISER 1931). Experimentell läßt sich zeigen, daß kastrierte Männchen von *Trichosurus* nach Östrogenbehandlung einen Beutel aus der Scrotalanlage bilden, der auch nach Aufhören der Östrogenbehandlung persistiert (BOLLIGER 1944).

Der Hinweis auf den Besitz von Beutelknochen bei Monotremen, Tritylodontia (FOURIE), Multituberculaten (KIELAN-JAWOROWSKA) und Marsupialiern läßt u.E. nicht unbedingt den Rückschluß zu, daß diese Formen auch einen Beutel und einen entsprechenden Brutpflegemechanismus besessen hätten. Unter den rezenten Beuteltieren fehlt der Beutel bei einer sehr großen Zahl der Arten, darunter besonders auch bei Primitivformen, während Beutelknochen wohl stets vorhanden sind *). Während der Beutel bei einigen Arten sekundär verloren ging (*Myrmecobius* besitzt noch Rudimente des Musc. sphincter marsupii), scheint er bei einigen Didelphidae (*Monodelphis, Philander*) primär zu fehlen.

---

*) Fehlen der Beutelknochen wird von *Petaurus* und *Notoryctes* angegeben, doch sind kurze Beutelknochen-Rudimente bei *Notoryctes* bereits von A. CARLSSON (1903) nachgewiesen worden.

Die sogenannten Beutelknochen, Ossa marsupii, sind rätselhafte Gebilde, über deren funktionelle Bedeutung wir nur wissen, daß sie offensichtlich nicht mit dem Vorkommen eines Brutbeutels korreliert sind. Es handelt sich um knorplig präformierte Skeletelemente, nicht um Sehnenverknöcherungen. Sie sind nicht dem Epipubis der Amphibia homolog, da sie in einer anderen Schichtlage in der Bauchwand entstehen. Sie werden heute meist als Homologa eines lateral gelegenen Processus praepubicus aufgefaßt. Die Frage bedarf einer neuen morphologischen und konstruktiv-funktionellen Analyse unter Berücksichtigung der Konstruktion der ganzen Bauchwand.

Der von KÜHNE vertretenen Auffassung, daß die Monotremen und Marsupialia wegen des Besitzes eines Beutels enger zusammengehören und als Marsupionta (GREGORY) zusammenzufassen wären, muß ich daher Bedenken entgegensetzen, zumal auch andere Befunde gegen eine solche Zuordnung sprechen. Entscheidend scheint mir zu sein, daß die Hirnentfaltung in beiden Stämmen eine völlig differente Richtung eingeschlagen hat, daß sehr konservative Strukturen des Schädels grundsätzlich verschieden sind, und daß die Gehörknöchelchen der Monotremen in Bau und Spezialisation völlig von denen der Theria abweichen.

6. Gehörknöchelchen

KÜHNE weist letzteres Argument zurück, denn auch Monotremen besäßen Hammer, Amboß und Steigbügel. Damit aber erweisen sie sich zweifellos als Säugetiere. Unterschiedlich aber ist zwischen ihnen und den Theria Ausführung und Funktionsweise im einzelnen. FLEISCHER (1973) hat sehr umfangreiche Untersuchungen an den Gehörknöchelchen aller Säugerordnungen vorgelegt und analysiert. Er kommt in Hinblick auf den schalleitenden Apparat zu der Schlußfolgerung: "Die Monotremen weichen in grundsätzlichen Merkmalen von den Theria ab". KUHN (1971) gibt eine exakte Beschreibung der Gehörknöchelchen von *Tachyglossus* und findet ebenfalls wesentliche Differenzen gegenüber den Theria. Worin bestehen diese?

Bei Monotremen besteht der Hammer im wesentlichen aus den phylogenetisch alten Teilen, Manubrium (homolog: Processus retroarticularis der Reptilien) und Pars transversalis. Das Caput mallei ist eine Neubildung der Theria (Abb. 3c). Der aus dem Praearticulare (: Goniale GAUPP) gebildete deckknöcherne Anteil des Hammers ist extrem groß und fest mit dem Tympanicum, über das er ventral hinausragen kann, verbunden. Der Incus legt sich als dreieckiges Blättchen von medial her platt dem Malleus an, während er bei Theria dorsal vom Malleus liegt und stets Kante an Kante mit diesem artikuliert (Abb. 3). Der Stapes besitzt bei Monotremen eine kreisrunde Fußplatte und ist columelliform. Ob es sich hierbei um einen primären Zustand handelt, ist unklar. Bei *Tachyglossus* wird der Steigbügel von vorneherein als undurchbohrter Stab angelegt (KUHN). Für *Ornithorhynchus* sind die Angaben nicht ganz eindeutig. Kommt bei Theria ein columelliformer Stapes vor (*Perameles*, *Dasyurus*, *Manis*, Cetacea und einige Pinnipedia, z.B. *Mirounga*), so ist die Durchbohrung sekundär verlorengegangen. Theria besitzen stets eines Musculus stapedius, der bei beiden Monotremen-Familien fehlt.

Bei Meta- und Eutheria besteht der Trend zur Entwicklung freischwingender Gehörknöchelchen mit Verkleinerung des Praearticulare und dessen Lösung vom Tympanicum (Abb. 3). Diese Entwicklung, die zu mannigfachen Sonderformen führt, erfolgt parallel bei Beuteltieren und Placentaliern. Die alte Vermutung, daß bei Formen mit fixiertem Praearticulare und starrer Verbindung der Ossicula auditus die Schalleitung im wesentlichen Knochenleitung sei, hat sich nicht bestätigt. FLEISCHER konnte nachweisen, daß dem jeweiligen Typ der Gehörknöchelchen verschiedenartige Spezialisationen der Schnecke entsprechen (Ausbildung der Lamina spiralis secundaria), und daß zwei verschiedene Spezialisationseinrichtungen vorliegen. Starre Kette der Gehörknöchelchen mit großem Praearticulare befähigt zum Hören in hohen Frequenzbereichen, während freischwingende Gehörknöchelchen zum Hören in niederen Frequenzbereichen prädestinieren. Die Unterschiede im Bau des schalleitenden

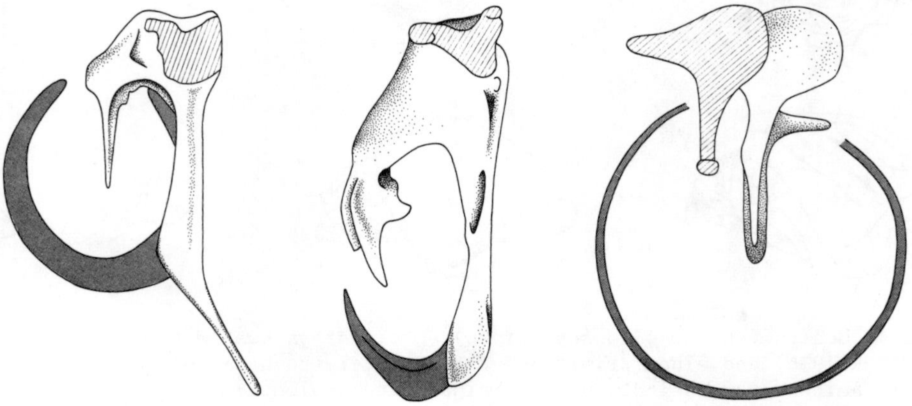

Abb. 3: Gehörknöchelchen (Hammer und Amboß) und Tympanicum von Monotremata (links: *Tachyglossus*, Mitte: *Ornithorhynchus*) und Eutheria (rechts : evolvierter Typ mit freischwingenden Gehörknöchelchen). - (Hell: Malleus (Gonioarticulare); schräg schraffiert: Incus (Quadratum); dunkel: Tympanicum. Der Stapes ist entfernt. Umgezeichnet nach G. FLEISCHER 1973.)

Apparates zwischen Monotremen und Theria entsprechen also ganz verschiedenen Spezialisationsreihen.

7. Gehirn

Recht erhebliche Unterschiede von grundsätzlicher Bedeutung zeigt die Hirnentfaltung bei Monotremata und Theria. Das Gehirn ancestraler Theria ist heute gut bekannt und dürfte dem einiger Marsupialia (*Caenolestes, Notoryctes*) und Insectivora (*Setifer, Ericulus*) ähnlich gewesen sein. Alle Primitivformen unter Beutlern und Placentaliern zeigen die gleiche Hirnorganisation. Davon weichen die Monotremen nach Gestalt und Organisation des Gehirns weit ab. Zwischen beiden Monotremata bestehen ebenfalls Unterschiede, die auf den wesentlich höheren Cerebralisationsgrad von *Tachyglossus* gegenüber *Ornithorhynchus* zurückzuführen sind.

Monotremen besitzen ein erstaunlich großes Endhirn (Abb. 4), das bei *Tachyglossus* ein eigenartiges Furchungsmuster, wie es in dieser Form bei Theria nicht vorkommt, aufweist. Experimentelle Untersuchungen (Methode der evoked potentials) an der Großhirnrinde von *Tachyglossus* (LENDE 1964) und neuerdings beim Schnabeltier (BOHRINGER & ROWE 1977) haben überraschende Befunde erbracht. Die

Lage der Primärfelder zueinander, die bei Theria recht konstant ist, weicht bei Monotremen erheblich ab. Hör-, Seh- und Tastregion

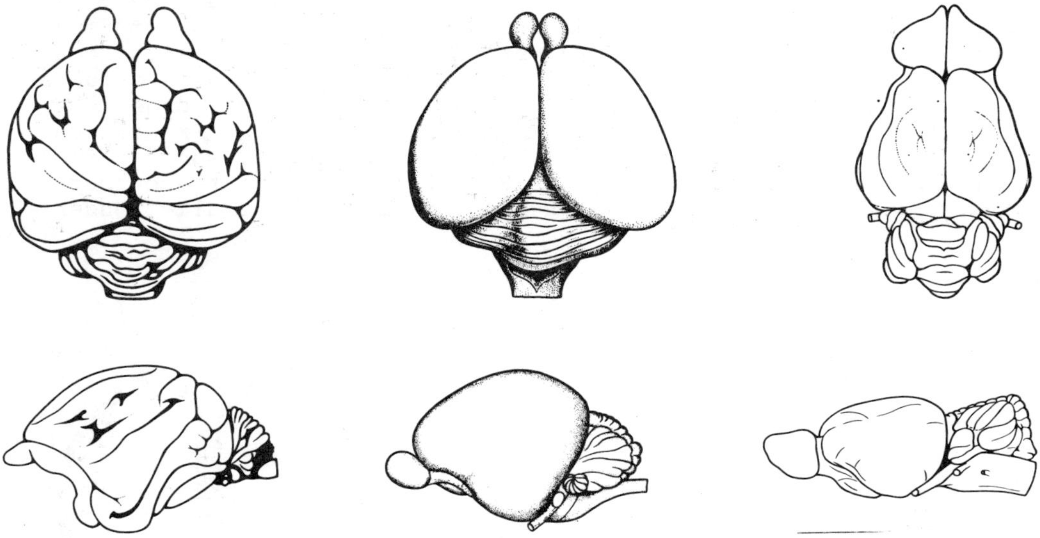

Abb. 4: Gehirn von *Tachyglossus* (links), *Ornithorhynchus* (Mitte) (beide nach SCHARRER 1936) und einem primitiven Placentalier (rechts) *Solenodon* (Orig.). - (Obere Reihe Dorsalansicht, untere Reihe Seitenansicht.)

liegen weit occipital ganz eng benachbart (Abb. 5). Das motorische Rindenfeld liegt nicht frontal, sondern weit hinten und überlappt sich weitgehend mit dem Tastfeld. Diese Überlagerung ist offenbar

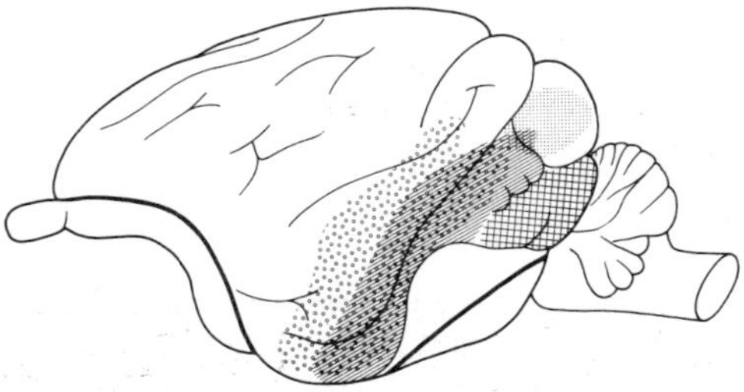

Abb. 5: Lokalisation der wichtigsten primären Funktionsfelder auf der Großhirnoberfläche von *Tachyglossus aculeatus* nach LENDE (1964). - (Kreise: Motorisches Feld; schräg schraffiert: Tastzone; punktiert: Optisches Areal; gekreuzt: Akustisches Areal.) Beachte die ausgedehnte "stumme" Region im frontalen und parietalen Bereich.

ein plesiomorphes Merkmal, daß sich auch bei einigen Beutlern (*Didelphis*) findet, aber bei Eutheria nicht vorkommt. Eine Pyramidenbahn ist bei Monotremen bereits vorhanden, doch fehlt die corticopontine Bahn. *Tachyglossus* besitzt eine ausgedehnte frontale Region, deren Funktion nicht bekannt ist. *Ornithorhynchus*, von dem bisher nur die motorische und sensorische Rinde lokalisiert sind, zeigt gleichfalls die Überlappung dieser beiden Felder (Abb. 6).

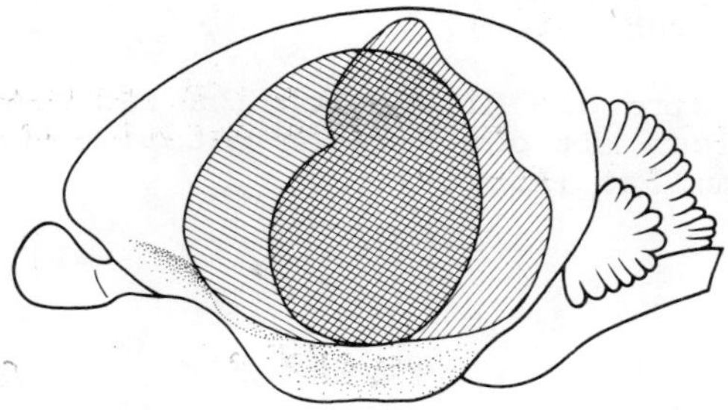

Abb. 6: *Ornithorhynchus anatinus*; Lage der motorischen (von links oben nach rechts unten schraffiert) und der sensiblen (von rechts oben nach links unten schraffiert) Zone in der Großhirnrinde. Beachte die relativ kleine frontale Region (nach BOHRINGER & ROWE 1977).

Das Großhirn der Monotremen ist im ganzen außergewöhnlich breit und relativ niedrig (Abb. 4). Das Riechhirn ist beim Schnabeligel ausgedehnt, beim Schnabeltier zugunsten des Trigeminussystems reduziert. Das Rautenhirn beider Formen zeigt eine ancestrale Lage der Hirnnervenkerne. Der Nucleus ambiguus liegt noch im Areal der dorsalen Vaguskerne und ist darin, gegenüber allen Theria, plesiomorph.

8. Schädelseitenwand

Die beachtliche Größe des Endhirnes hat hat, ähnlich wie bei den Theria, Rückwirkungen auf die Schädelgestaltung und vor allem auf die Struktur der Schädelseitenwand. Der Abschluß der Schädelseitenwand erfolgt jedoch bei Prototheria und Theria in grundsätzlich anderer Weise. Nun erweisen sich gerade diese Strukturen als äußerst konservativ und sind stammesgeschichtlich von erheblicher Bedeutung.

Bei der durch die Hirnverbreiterung notwendigen Vergrößerung des Schädelraumes wird ursprünglich extracranialer Raum - das Cavum epiptericum von GAUPP - in das Cavum cranii inkorporiert. Dieser Vorgang verläuft bei Monotremen und vielen mesozoischen Säugern (Docodonta, *Morganucodon*, *Sinoconodon*, Multituberculata) einerseits und den Theria andererseits verschieden ab. Ausdehnung, Wandbildung und Inhalt des ursprünglich extracranialen Raumes sind in beiden Gruppen nicht identisch. Daher sind diese Räume auch bei Monotremen und Theria nicht homolog.

Die äußerst verwickelten Verhältnisse sollen an Hand einiger Schemata (Abb. 7, 8, 9) verdeutlicht werden (vgl. vor allem H.J. KUHN 1971).

Die primäre Schädelseitenwand in der Orbitotemporalregion des Chondrocranium besteht ursprünglich aus vier vertikalen Knorpelpfeilern, zwischen denen die Durchtritte für die Hirnnerven als Fenster frei bleiben. Die Pfeiler werden dorsal durch einen horizontal verlaufenden Knorpelbalken, der die Nasenkapsel mit der Labyrinthkapsel verbindet, verankert. Die vier Pfeiler wurzeln ventral in der knorpligen Schädelbasis. In der Reihe von rostral nach occipital unterscheiden wir: 1. Pila praeoptica, 2. Pila metoptica, 3. Pila antotica, 4. Commissura praefacialis (diese wird in die Labyrinthkapsel einbezogen).

Bei den Prototheria wird die Pila metoptica reduziert (Abb. 7), so daß das Foramen opticum mit dem Foramen metopticum zum Foramen pseudoopticum verschmilzt (Abb. 7).

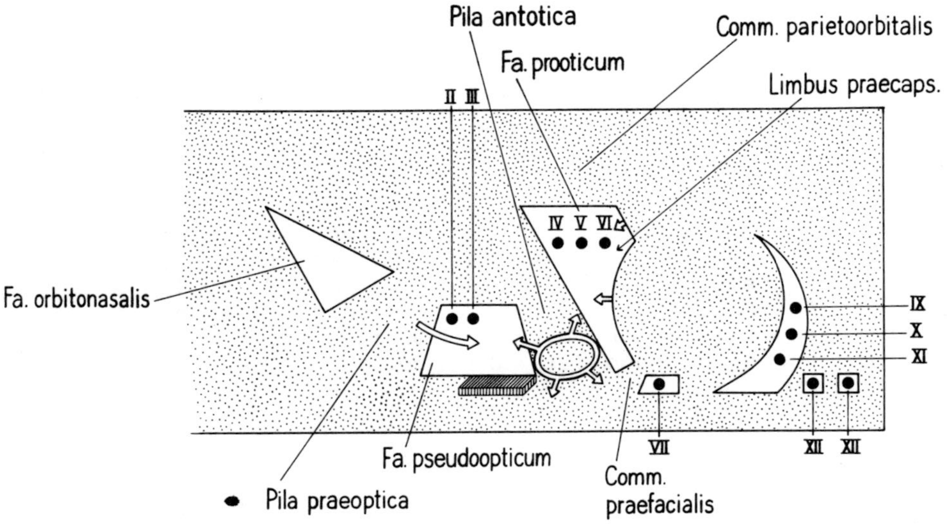

Abb. 7: Schema des Aufbaus der Schädelseitenwand des Chondrocraniums und der seitlichen Fenster bei *Tachyglossus*. - Ansicht von links. Die Ala temporalis springt unter dem Foramen pseudoopticum als kleine Platte (schraffiert) vor. (Die Pfeile bezeichnen den Knochenzuwachs, der an dem Schluß der Seitenwand beteiligt ist u.z. linker Pfeil: von der Pila praeoptica aus. Kreis mit vier Pfeilen: Lamina obturans. rechter Pfeil: Processus anterior periotici.)

Bei den Eutheria wird die Pila antotica zurückgebildet. Die verbleibenden Fenster sind das Foramen opticum und das Foramen sphenoparietale (Abb. 8). Bei den Metatheria fehlen die Pila metoptica und die Pila antotica, so daß die beiden verbleibenden Fenster sich vereinigen.

Entscheidend ist nun, wie die große seitliche Lücke der Wand des Knorpelschädels im Osteocranium geschlossen wird. Bei Crossopterygii und niederen Tetrapoda entspringt von der Basis der Seitenwand, nach außen gerichtet und unter dem Ganglion trigemini gelegen, der Processus basipterygoideus. Mit ihm artikuliert bei Nichtsäugern der Basalfortsatz des Palatoquadratum. Beim akinetischen Schädel der Theria und ihren Ahnen unter den Therapsida wird dies Element, das Epipterygoid, seitlich vom Trigeminus-Ganglion fest in die Schädelseitenwand eingebaut und begrenzt den Boden des Cavum epiptericum (Abb. 7, 9b). Dies Skeletelement wächst bei Theria als Ala temporalis (Alisphenoid des Osteocranium) aus und wird zur sekundären Seitenwand; es schließt die Lücke zwischen der Ohrkapsel und den Deckknochen (Abb. 8, 9).

Bei den Monotremen verläuft der Abschluß der großen, seitlichen Lücke ganz anders. Bei eben geschlüpften Jungtieren von *Tachyglos-*

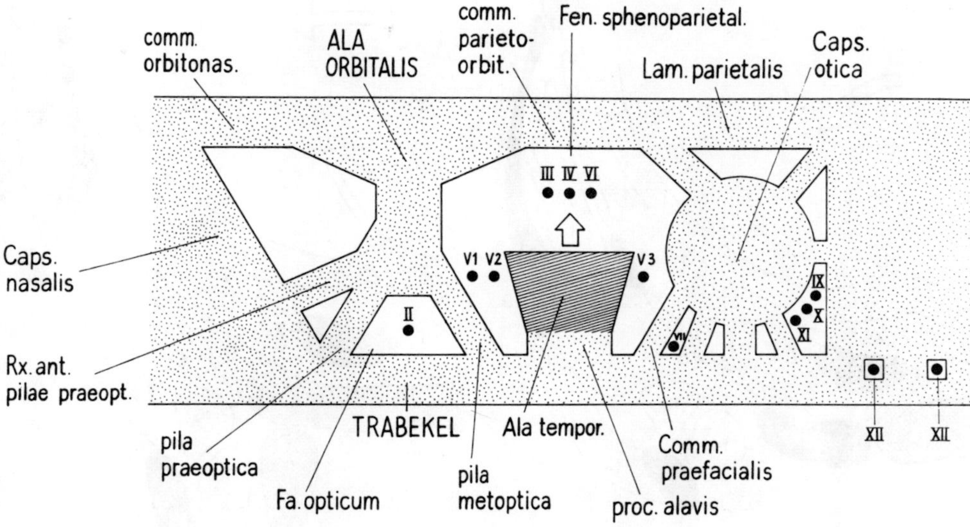

Abb. 8: Schema des Aufbaues der Seitenwand des Chondrocraniums bei Eutheria. Abschluß der Fenestra sphenoparietalis durch die Ala temporalis (Alisphenoid).

sus liegt das Ganglion trigemini außerhalb der Schädelseitenwand frei in der Orbitotemporalgrube. Diese wird durch eine bindegewebige Membrana sphenoobturatoria in das medial gelegene "Cavum epiptericum" und die laterale Orbitalgrube geteilt. Die Membran wird in der Folge durch Knochenbildung ersetzt, -.die Schädelseitenwand geschlossen.

Bei beiden Monotremen bleibt das Alisphenoid sehr klein und bildet nur einen winzigen Teil des Bodens des "Cavum epiptericum" (Abb. 7, 9). Bei *Tachyglossus* kann es individuell sogar ganz vom Palatinum umwachsen werden (Abb. 9, KUHN). An der Bildung der Außenwand des Cavum epipterícum beteiligen sich bei *Tachyglossus* (KUHN) die Deckknochen Epipterygoid, Squamosum und Palatinum. Von der Pila praeoptica wächst eine Knorpellamelle in den rostralen Teil der Membrana sphenoobturatoria vor. Sie ossifiziert vom Orbitosphenoid her (primäre Seitenwand). Außerdem bildet sich in der Membran eine selbständige Bindegewebsverknöcherung, Lamina obturans, die keinem der kanonischen Deckknochen homolog ist und nur bei Monotremen und mesozoischen Formen vorkommt. Sie darf keinesfalls, wie es oft geschah (VAN BEMMELEN), mit einem Alisphenoid verwechselt werden. Schließlich beteiligen sich am Abschluß des Cavum epiptericum Zuwachsknochen (nicht knorplig praeformierter, periostaler Zuwachs an Ersatzknochen) vom Rande des Perioticum her (Processus anterior periotici). Offenbar ist die Lamina obturans stammesgeschichtlich auf derartigen Zuwachsknochen zurückführbar.

Eine weitere Ersatzknochenbildung, die vom Perioticum ausgeht, wächst in die Commissura orbitoparietalis ein und schiebt sich unter den Musculus temporalis (Abb. 7, 9) gehört also der primä-

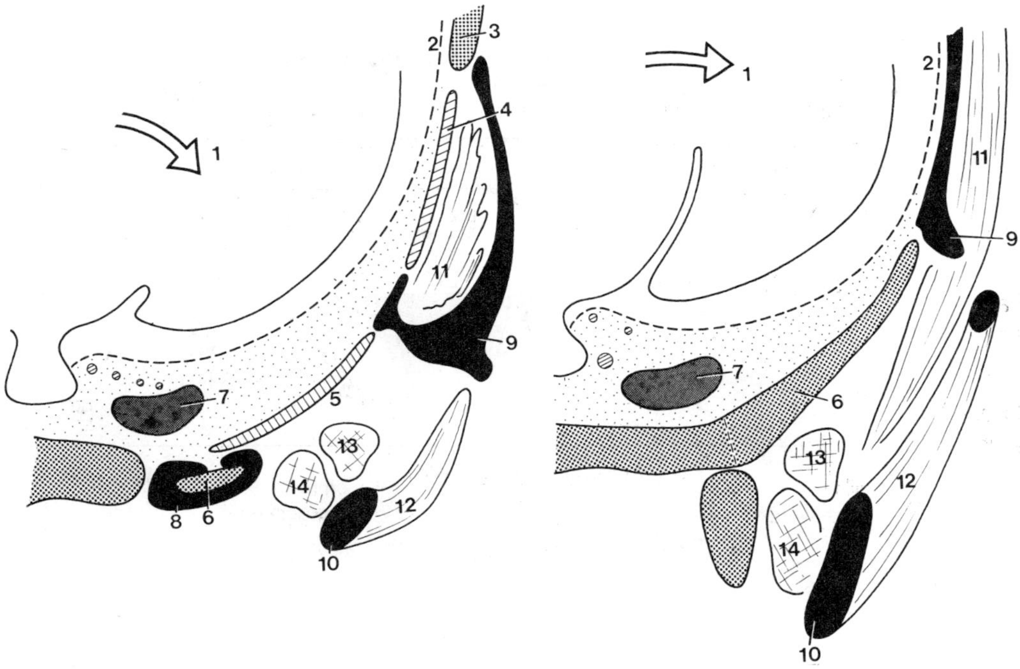

Abb. 9: Querschnitte durch die Orbitotemporalregion des Cranium bei einem älteren Beuteljungen von *Tachyglossus* (links, nach KUHN 1971) und einem älteren Embryo eines Placentaliers (rechts). (1. Gehirn; 2. Primäre Seitenwand (Dura); 3. Orbitosphenoid; 4. Lamina anterior periotici; 5. Lamina obturans; 6. Ala temporalis; 7. Ganglion trigemini; 8. Os palatinum; 9. Os squamosum; 10. Os dentale; 11. Musc. temporalis; 12. M. masseter; 13. M. pterygoideus externus; 14. M. pterygoideus internus. Der Pfeil weist auf die Breitenausdehnung des Großhirns.)

ren Schädelseitenwand an. Sie bildet die Innenwand des für Monotremen kennzeichnenden Canalis temporalis, der außen vom Squamosum geschlossen wird (Abb. 9). Die Schuppe des Squamosum der Monotremen ist daher derjenigen der Theria, die direkt an das Cavum cranii angrenzt (Abb. 8, 9), nicht homolog. Bei *Ornithorhynchus* fehlt eine Beteiligung des Squamosum an der Wand des Hirncavum vollständig. Bei *Tachyglossus* bildet aber die Schuppe weit rostral zwischen Orbitosphenoid und Lamina obturans noch in einem kleinen Bezirk Wand des Hirncavum.

Bei Beuteltieren laufen alle Entwicklungsprozesse in der seitlichen Schädelregion prinzipiell in gleicher Weise ab wie bei Eutheria. Dies betrifft vor allem die Ausbildung eines Alisphenoid und dessen Beteiligung an der Schließung des Foramen sphenoparietale. Aus dem Gesagten dürfte hervorgehen, daß die Umwandlung am Cranium bei Monotremata und Theria unabhängig erfolgt ist und nicht aufeinander beziehbar ist. Die außerordentliche Vielfalt der beteiligten Strukturen und ihre Verzahnung läßt keine andere Deutung zu. Vergrößerung des Cavum cranii infolge Verbreiterung des Endhirns erfolgt in zwei verschiedenen Stammeslinien parallel, aber bei verschiedener Ausgangslage und Organisationsform, besonders des Gehirns, in sehr vielen Einzelheiten auf ganz andersartige Weise, während Meta- und Eutheria das gleiche Grundmuster zeigen. Wir halten daher einen engeren Zusammenschluß der Monotremata und Marsupialia als Marsupionta und eine Ablösung dieser von den Theria für nicht gerechtfertigt.

9. Brust-Schulter-Skelet

Zur gleichen Schlußfolgerung führt eine Analyse des Brustbeins und des Schulterskeletes. Die älteren Untersuchungen, die fast ausschließlich auf dem Studium adulter Skelete beruhen, stellen allgemein und zutreffend fest, daß der Schultergürtel der Monotremata als ancestral, reptilartig anzusehen sei. Sorgfältige morphogenetische Untersuchungen an einer ausreichenden Zahl von Entwicklungsstadien (KLIMA 1973) haben nun den Nachweis erbracht, daß der Brustschulterapparat der Monotremen ein eigenartiges Mosaik von primitiven und apomorphen Merkmalen zeigt. KLIMA kommt zu der Feststellung: "So kann man den Schultergürtel mit vollem Recht als primitiv, ancestral ansehen, das Sternum dagegen ist modern und evoluiert".

Die Interclavicula der Monotremen besteht aus zwei verschiedenen Elementen, einem Deckknochen (Pars desmalis) und einem endoskeletalen, knorplig präformierten Anteil (Pars chondralis). Das Sternum der Monotremen bildet sich ausschließlich aus den Sternalleisten und unterscheidet sich darin von dem der Marsupialia und Eutheria (Abb. 10). Bei den Theria beteiligt sich Material von Pro- und

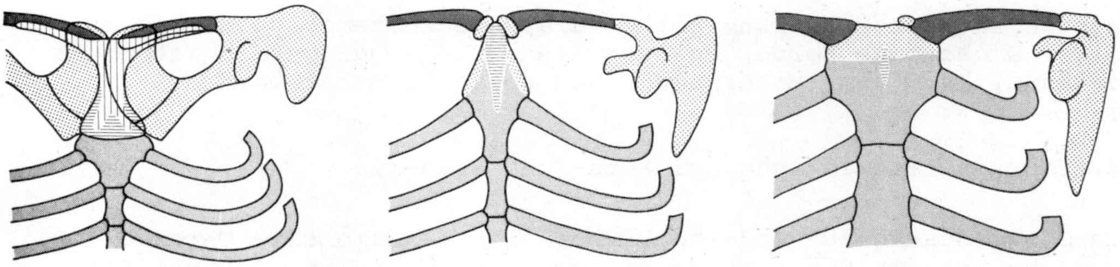

Abb. 10: Brustbein und Schultergürtel von Monotremata (links), Metatheria (Mitte) und Eutheria (rechts) (nach M. KLIMA 1973). Dunkel gerastert: Clavicula. - (Punktiert: Primärer Schultergürtel (Coracoidplatte-Scapula); vertikal gestrichelt: Interclavicula, pars desmalis; quer gestrichelt: Interclavicula, pars chondralis.)

Metacoracoid an der Bildung des Manubrium sterni; (Reste der Procoracoide können außerdem als Ossa suprasternalia selbständig bleiben). Während die exoskeletale Interclavicula bei Theria vollständig fehlt, tritt sowohl bei Marsupialia wie bei Eutheria die chondrale Anlage in frühen Stadien auf, legt sich dem cranialen Ende der Sternalleisten an und wird als unpaares chondrales Element ins Manubrium sterni aufgenommen (Abb. 10). Das Manubrium sterni der Monotremen entspricht nur partiell dem Manubrium der Theria. Beide Bildungen sind nicht homolog (Abb. 10). Auch in diesem Merkmal haben die Monotremata einen völlig verschiedenen Weg eingeschlagen als die Metatheria und Eutheria, die näher zusammengehören.

C. Zur Stellung der Metatheria

1. Beziehungen der Metatheria und der Eutheria zueinander

Es bleibt nun noch die Beziehung der Meta- und Eutheria zueinander zu prüfen. Marsupialia unterscheiden sich von Eutheria in erster Linie durch Besonderheiten des Genitaltraktes, des Ontogenesemodus und der Fortpflanzungsbiologie (LILLEGRAVEN 1969, 1974, 1976). Hinzu kommen einige Unterschiede im Gebiß und in der Hirnstruktur. Alle anderen Differenzen sind geringfügig. Demgegenüber haben beide Gruppen aber eine sehr große Anzahl fundamentaler Charaktere gemeinsam (Gehörknöchelchen, Schädelstruktur, Muskulatur, physiologische, immunbiologische und karyologische Merkmale etc.), so daß unwahrscheinlich ist, daß alles dies zweimal unabhängig voneinander entstanden sein sollte. Die Verhältnisse liegen also gerade umgekehrt, als beim Vergleich der Theria mit den Prototheria.

Die alte Hypothese, daß die Beuteltiere Relikte einer Formengruppe seien, die auf niederem Evolutionsniveau als die Eutheria überlebt hätten, ist heute überholt, denn beide Stämme treten geologisch etwa gleichzeitig in der frühen Kreidezeit auf. Rückschlüsse aus dem Entfaltungsgrad des Großhirns auf eine Unterlegenheit der Metatheria zu ziehen, sind nicht berechtigt, denn wie MÖLLER gezeigt hat, überschneiden sich beide Gruppen in Hinblick auf den Cerebralisationsgrad in einem breiten Bereich. Außerdem zeigt der evolutive Erfolg (Ausbreitung von *Didelphis* in N.-Amerika, von *Trichosurus* in Australien) und die Differenziertheit der Verhaltensweisen und die Lernfähigkeit bei vielen Beuteltieren (HEDIGER) ihre Vitalität.

Wir betrachten Meta- und Eutheria als Schwestergruppen, die aus einer Dichotomie hervorgegangen sind. Die Ausgangsform ist nicht bekannt, kann aber unter den Pantotheria vermutet werden.

2. Embryonalentwicklung bei Meta- und Eutheria

Im Ontogeneseablauf und -modus bestehen fundamentale Unterschiede zwischen beiden Stämmen. In diesem Bereich finden sich die Schlüsselmerkmale. Beuteltiere haben etwas größere Eizellen (d = 250 µm gegen 100 - 150 µm) als Eutheria mit einer mäßigen Dottereinlagerung. Diese wird vor Beginn der ersten Furchungsteilungen ausgestoßen (J.P. HILL). Sofort anschließend an die Dotterelimination resorbieren die ersten Blastomeren die Dotterpartikelchen wieder, ein Vorgang, der als Rekapitulation einer partiellen Furchung gedeutet wurde. Aus den Furchungszellen geht eine Keimblase (Blastocyste) hervor, deren Wand aus formativen Zellen im animalen Bereich und aus nichtformativem Ektoderm besteht (Abb. 11). Die von vorneherein also oberflächlich, in der Keimblasenwand gelegenen formativen Zellen entsprechen dem Embryoblasten (= innere Zellmasse) der Eutheria. Aus ihnen entsteht das embryonale Ektoderm und das gesamte Entoderm (Abb. 11). Die nichtformativen Zellen bilden extraembryonales Ektoderm.

Das Amnion entsteht durch Faltung wie bei Sauropsiden. Beuteltiere haben eine sehr kurze Tragzeit (12 - 38 Tage), und die Jungtiere werden auf einem sehr unreifen Stadium geboren. Bei *Didelphis*

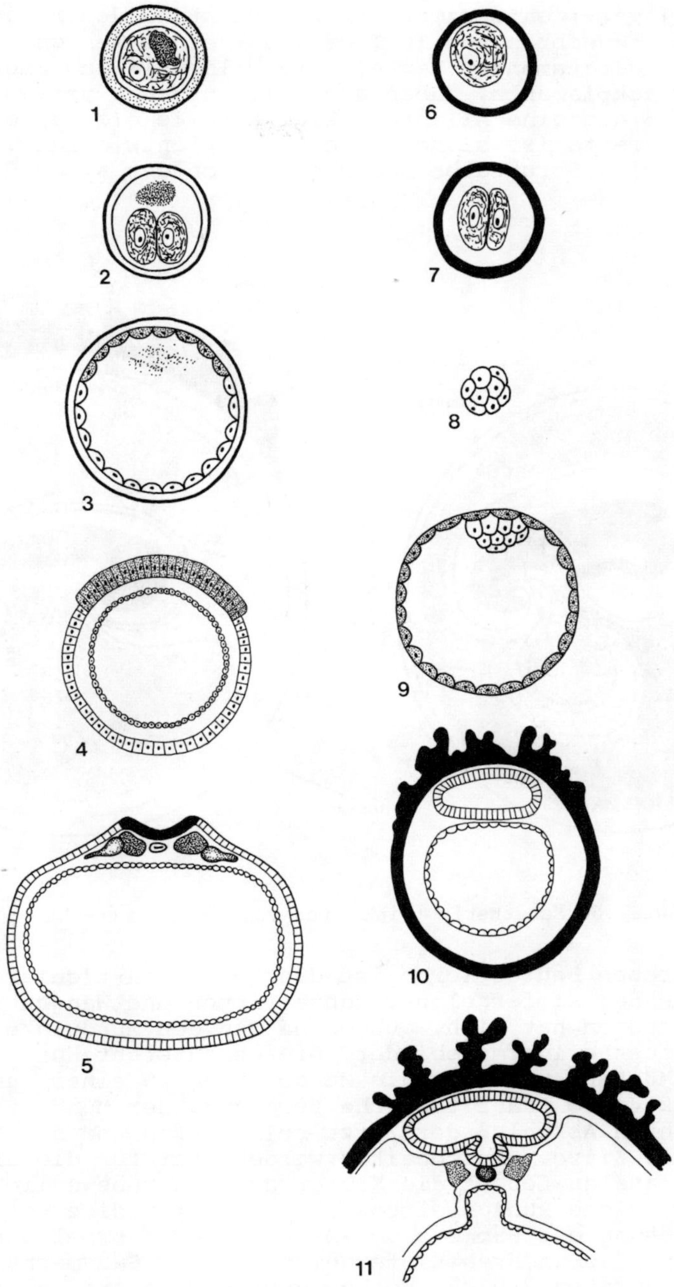

Abb. 11a: Einige Stadien aus der frühen Embryonalentwicklung, stark schematisiert, von Metatheria (linke vertikale Reihe, 1-5) und Eutheria (rechte Reihe, 6-11). - 1. Eizelle mit Dotter; 2. Furchung mit Dotterelimination; 3. Keimblasenbildung, Dotterresorption; 4. Formatives (dunkel) und extraembryonales Ectoderm, Entodermbildung, Embryonalanlage von vorneherein oberflächlich in Keimblasenwand; 5. Embryonalkörperbildung; 6. Eizelle; 7. und 8. Furchung; 9. Blastocyste mit innerer Zellmasse (Embryoblast); 10. Trophoblast(schwarz)-Wucherung, oben Amnionhöhle durch Spaltbildung entstanden, unten Dottersack; 11. Embryonalkörperbildung.

(Tragzeit 12 Tage) entspricht der Reifezustand des Neugeborenen dem eines Rattenembryo von 10 Tagen oder eines Menschen aus dem zweiten Graviditätsmonat. Beuteltiere bilden in der Embryonalzeit eine Dottersackplacenta, haben aber mit Ausnahme des Sonderfalles von *Perameles* nie eine Allantois-Placenta wie die Eutheria. Die *Perameles*-Placenta ist sicher eine Parallelentwicklung, denn sie weicht in vielen Strukturbesonderheiten von der aller Eutheria ab.

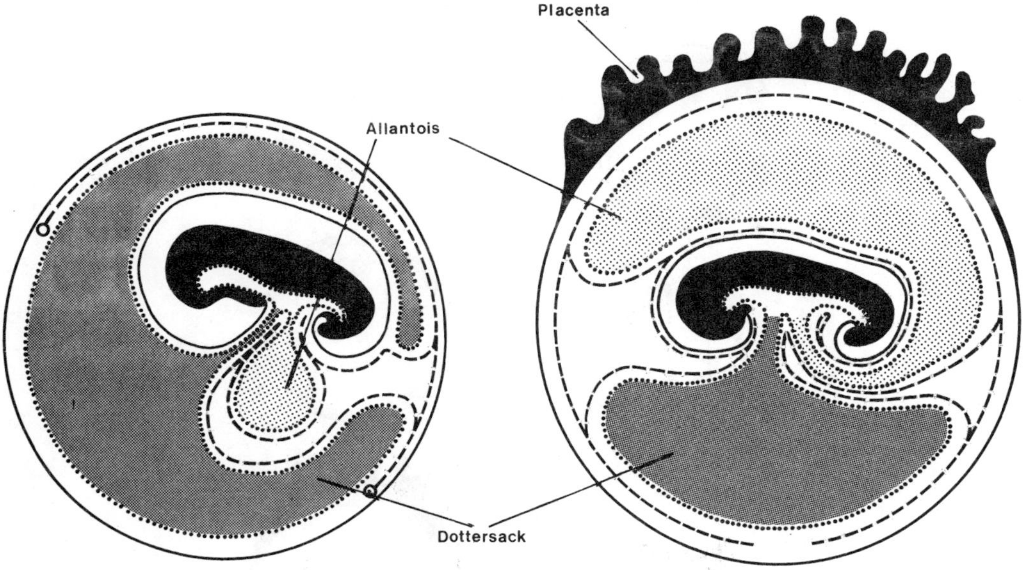

Abb. 11b: Eihäute von Metatheria (links) und von Eutheria (rechts); vgl. Abb. 11a.

Bei neugeborenen Beuteltieren ist das Quadratoarticulargelenk funktionierendes Kiefergelenk. Echte Lippen und Wangen fehlen noch. Stattdessen hat sich, ausgehend von den Mundwinkeln, ein Füllgewebe aus Periderm gebildet. Dieses entsteht kurz vor der Geburt (F. MÜLLER) und engt die Mundöffnung zu einem runden Loch ein (Abb. 12). Die transitorische Verengung der Mundspalte sichert den luftdichten Abschluß der Zitze beim Saugen und das Haften der Jungen an der Zitze. Gleichzeitig werden aber für die erste Periode des postnatalen Lebens die Kiefer dadurch unbeweglich gehalten (F. MÜLLER). Diese Ruhigstellung ist die notwendige Voraussetzung für die Ablösung des Hammers vom MECKELschen Knorpel und für die Ausbildung des sekundären Kiefergelenkes. Der Saugmechanismus besteht in den ersten 2 bis 3 Wochen nach der Geburt in einem reinen Pumpsaugen mit Hilfe von Zungenbewegungen innerhalb des stabilisierten Mundrohres (die Milch wird nicht, wie vermutet, aktiv von der Mutter eingespritzt). Der Wangenverschluß löst sich erst dann, wenn das sekundäre Kiefergelenk gebildet ist (F. MÜLLER).

Das entscheidende Schlüsselmerkmal der Eutheria ist der Erwerb des Trophoblasten (Abb. 11), eines Hüll- und Nährgewebes, das die Wand der jungen Keimblase bildet und zur Versenkung der Embryonalanlage als "innere Zellmasse" (Embryoblast) ins Innere der Keimblase führt. Diese frühe Entypie des Keimfeldes und mit ihr im Zusammenhang die Art der Amnionbildung zeigen in den verschiedenen Ordnungen der Eutheria mannigfache Varianten und Spezialisationen (STARCK 1959), auf die hier nicht eingegangen werden kann. Der Trophoblast baut gemeinsam mit der Allantois eine echte Allantois-Placenta auf. Dadurch wird vor allem eine immunbiologische Barriere zwischen Mutter und Embryo geschaffen, denn beide Partner sind immunbiologisch nicht identisch. Prolongierter Aufenthalt des Embryo im Mutterleib setzt den Aufbau eines wirksamen Schutzmechanismus voraus, um die Immunabwehr der Mutter gegen Antigene des Embryo auszuschalten (LILLEGRAVEN).

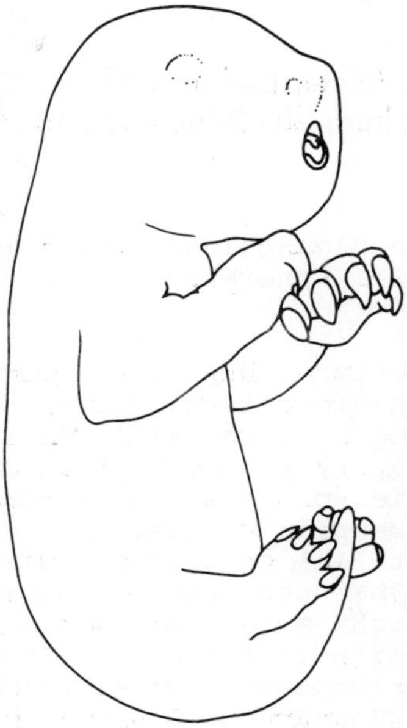

Abb. 12: Beuteljunges von *Trichosurus vulpecula* mit peridermalem Verschluß von Nase, Auge, Ohröffnung und Einengung der Mundöffnung.

Beuteltiere haben eine kurze Tragzeit und werden früh geboren, ehe die Immunabwehr der Mutter voll wirksam wird (LILLEGRAVEN). Die frühen Stadien des Keimes werden durch die Zona pellucida und durch eine dicke Eiweißschicht geschützt. Der Trophoblast ist also eine höchst bedeutsame Erfindung der Eutheria, der eine Tragzeitverlängerung und alle damit für den Keim verbundenen Vorteile ermöglicht. Es handelt sich um ein sehr komplexes Organ, das eine Vielzahl von Funktionen gewährleistet (aktiver und passiver Transport in beiden Richtungen, immunbiologische Schutzschicht, Hormonproduktion).

Diese knappen Ausführungen zum Ontogeneseablauf lassen die Frage entstehen, ob die Viviparie bei Meta- und Eutheria unabhängig voneinander entstanden ist, oder ob beide auf eine gemeinsame Ausgangsform zurückgehen. Es besteht kein Zweifel daran, daß alle Theria letzten Endes von Formen mit polylezithalen, meroblastischen Eiern abstammen; (Bildung einer Keimscheibe, Art der Herzentwicklung etc.). Transitorische Verschlüsse von Augen, Ohren und Mundspalte kommen auch bei Eutheria, selbst bei Nestflüchtern, vorgeburtlich vor und sind offenbar Rekapitulationsphaenomene. Auch zeigen einige Eutheria noch Reste einer Dotterelimination. Wir möchten daher mit LILLEGRAVEN annehmen, daß die Marsupialia in Hinblick auf den Ontogeneseablauf konservativ geblieben sind und von den Ahnenformen den aplacentaren Modus mit kurzer Tragzeit übernommen haben. Die Ausbildung eines Trophoblast mit innerer Zellmasse, Delamination und Spaltamnion wären progressive Neuerwerbungen der Eutheria.

D. Schlußfolgerungen für Klassifikation und stammesgeschichtliche Stellung der Monotremata, Marsupialia und Eutheria

Zusammenfassend werden die Schlußfolgerungen für Klassifikation und Phylogenese der drei Unterklassen der rezenten Säugetiere zusammengestellt.

Monotremata sind Säugetiere, denn sie besitzen drei Gehörknöchelchen, ein sekundäres Kiefergelenk, Haare, Zwerchfell, persistierenden linken Aortenbogen, kernlose Erythrozyten etc.. W.K. GREGORY (1947) hat die Hypothese entwickelt, daß die Monotremen als Resultat einer Neotenie von Marsupialia abzuleiten seien, faßte beide Gruppen als "Marsupionta" zusammen und stellte diese den Monodelphia (= Placentalia) gegenüber. Diese Hypothese entstand zu einer Zeit, als Aufbau und Entwicklung der Schädelseitenwand bei Monotremen noch nicht aufgeklärt waren (VANDEBROEK 1969, KUHN 1971) und die Differenzen im Aufbau der Gehörknöchelchen (FLEISCHER 1973) noch nicht gedeutet werden konnten. Der Aufbau der Schädelseitenwand bei Docodonta, Triconodonta und Multituberculata (KERMACK 1962, 1963, 1971, KIELAN-JAWOROWSKA 1969, 1970, 1971) war noch unbekannt. Über das Gehirn der Monotremen gibt GREGORY (1951) nur an, daß es ein "wholly marsupial stage" zeigen würde, obgleich zu jener Zeit bereits die grundlegenden Formunterschiede des Gehirns der Monotremen (ZIEHEN 1897, 1908, SCHARER 1936, HINES 1929) gegenüber den Marsupialia und Eutheria bekannt waren. KLIMA (1973) konnte die hochspezialisierte Struktur und Morphogenese des Sternalapparates bei Monotremen nachweisen. Schließlich führt die Hypothese von GREGORY zu der ganz unwahrscheinlichen Annahme, daß die Oviparie der Monotremen sekundär entstanden sei.

KÜHNE (1973, 1975, 1977) hat kürzlich die Hypothese von GREGORY erneut aufgegriffen und - ohne die umfangreiche moderne Literatur zur Morphologie und Stammesgeschichte der Monotremata zu berücksichtigen - sich ausschließlich auf zwei Merkmale gestützt. Zum ersten wird der gemeinsame Besitz von Beutelknochen und Brutbeutel bei Monotremen und Marsupialia hervorgehoben und aus dem Vorkommen von Beutelknochen auf den Besitz eines Marsupium und eines entsprechenden Brutpflegemechanismus geschlossen. Träger von Beutelknochen ohne Marsupium sollen dieses stets sekundär verloren haben. Ich habe auf die Problematik dieses Komplexes hingewiesen (vgl.S.15-16) und halte diese noch für weitgehend ungeklärt, zumal wichtige Anzeichen dafür sprechen, daß die sogenannten Beutelknochen primär nicht mit einer Bruttasche korreliert sind und daß das Incubatorium der Monotremen und das Marsupium der Beuteltiere keine homologen Bildungen sind.

Zum zweiten stützt sich KÜHNE auf eine Analyse der Gebißanlagen von *Ornithorhynchus* durch GREEN (1932). GREEN hatte aufgrund der Untersuchungen der Zahnanlagen angenommen, daß das Schnabeltier zwei obere Praemolaren besäße. Da aber nur einer dieser Zähne eine Ersatzzahnanlage aufweist, schließt KÜHNE korrekt, daß nur ein oberer Praemolar existiert haben könne und daß sich damit ein wesentliches Merkmal der Monotremen ergäbe, das auch die Marsupialia kennzeichnet.

Zahnmerkmale sind nicht konservativer als andere Charaktere. Zähne und Gebißmerkmale sind variabel und evolutiv veränderlich wie Skelet- oder Weichteilmerkmale. Die Sonderstellung der Monotremata gegenüber den Metatheria und damit den Theria ist durch derart zahlreiche Eigenentwicklungen und Spezialisationen, die zum großen Teil "Multi-Parameter characters" (KÜHNE) sind, belegt, wie gezeigt wurde, daß an eine nähere Zusammenfassung von Monotremen und Marsupialia als Marsupionta nicht zu denken ist (fundamentale Unterschiede im Schädelbau, Hirndifferenzierung, Gehörknöchelchen, Sternum etc.). Auch serologisch stehen die Marsupialia durchweg den Eutheria sehr viel näher als den Monotremata (KIRSCH).

Andererseits bestehen zahlreiche Synapomorphien zwischen Meta- und Eutheria, die parallele Entwicklung aus einer Dichotomie wahrscheinlich machen. Damit erweist sich die systematische Großgliederung der Klasse Mammalia, wie sie im Prinzip von SIMPSON, BUTLER, CROMPTON, KERMACK, THENIUS u.a. vertreten wird, weiterhin als sinnvoll und mit dem heutigen Kenntnisstand am besten vereinbar.

Klasse: MAMMALIA
- Unterklasse 1: "N o n - T h e r i a" (THENIUS 1969) (= Prototheria SIMPSON 1971)
  - Teilklasse: Prototheria (s.str.)
    - ordo: Monotremata
  - Teilklasse: Allotheria
    - ordo: † Multituberculata
  - Teilklasse: Eotheria
    - ordo: † Triconodonta
    - ordo: † Docodonta
- Unterklasse 2: T h e r i a (KERMACK, SIMPSON, = Orthotheria THENIUS)
  - Teilklasse: Pantotheria
    - ordo: † Symmetrodonta
    - ordo: † Eupantotheria
  - Teilklasse: Metatheria
    - ordo: Marsupialia
  - Teilklasse: Eutheria (HUXLEY) (= Placentalia) zahlreiche Ordines

E. Literatur

BOHRINGER, R.C. & ROWE, M.J. (1977): The organization of the sensory and motor areas of cerebral cortex in the Platypus (*Ornithorhynchus anatinus*). — J. comp. Neurol., *174*: 1-14.

BOLLIGER, A. (1943): Functional relations between scrotum and pouch and the ex-

perimental production of a pouch-like structure in the male of *Trichosurus vulpecula*. — J. Proc. roy. Soc. N. S. Wales, *76*: 283-293.
Bolliger, A. (1944) An experiment on the complete transformation of the scrotum into a marsupial pouch in *Trichosurus vulpecula*. — Mon. J. Austr., *11*: 56-58.
BOLLIGER, A. & TOW, A.J. (1946): Late effects of castration and administration of sex hormones on the male *Trichosurus vulpecula*. — J. Endocrin., *5*: 32-42.
BRESSLAU, E. (1910): Der Mammarapparat (Entwicklung und Stammesgeschichte). — Ergb. Anat. Entwicklungsgesch., *19*: 275-349.
-- (1912): Die Entwicklung des Mammarapparates der Monotremen, Marsupialier und einiger Placentalier, ein Beitrag zur Phylogenese der Säugetiere. III. — in: SEMON, zool. Forschungsreisen IV. 2. Denkschr. med.-nat. Ges. Jena.
BRINK, A.A. (1956): Speculations on some advanced mammalian characteristics in the higher mammallike reptiles. — Palaeont. Afric., *6*: 77-95.
BROILI, F. (1939): Ein *Dorygnathus* mit Hautresten. — S.-B. bayer. Akad. Wiss. (math.-naturwiss. Abt.) *1939*: 129-132.
-- (1941): Haare bei Reptilien. — Anat. Anz., *92*: 62-68.
BURRELL, H. (1927): The Platypus. Sidney (Angus & Robertson).
BUTLER, P.M. (1939): The teeth of the Jurassic mammals. — Proc. Linn. Soc. London, (B)*109*: 329-356.
CARLSSON, A. (1903): Beiträge zur Anatomie der Marsupialregion bei den Beutelthieren. — Zool. Jb. (Anat.),: 489-506.
CLEMENS, W.A. & LEES, P.M. (1972): A review of English early cretaceous mammals. — in: KERMACK & KERMACK (ed.), Early mammals, :117-130, London (Academic Press).
CROMPTON, A.W. (1958): The cranial morphology of a new genus and species of Ictidosauran. — Proc. zool. Soc. London, *13o*: 183-216.
-- (1963): On the lower jaw of *Diarthrognathus* and the origin of the mammalian lower jaw. — Proc. zool. Soc. London, *140*: 697-753.
-- (1972): The origin of the tribosphenic molar. — in: KERMACK & KERMACK (ed.), Early mammals,: 65-87, London (Academic Press).
CROMPTON, A.W. & HIIEMAE, K.M. (1969): Functional occlusion in tribosphenic molars. — Nature, *222*: 678-679.
CROMPTON, A.W. & SITS-LUMSDEN, A. (1970): Functional significance of the therian molar pattern. — Nature, *227*: 197-199.
ERBEN, H.K. (1975): Die Entwicklung der Lebewesen. München (Piper).
FINDLAY, G.H. (1970): The role of the skin in the origin of mammals. — South afr. J. Sci., *1970*: 277-283.
FLEISCHER, G. (1973): Studien am Skelett des Gehörorgans der Säugetiere, einschließlich des Menschen. — Säugetierkundl. Mitt., *21*: 131-239.
FLYNN, T.T. & HILL, J.P. (1947): The development of the Monotremata VI. The later stages of cleavage and the formation of the primary germ-layers. — Transact. zool. Soc. London, *26*: 1-151.
FOURIE, S. (1962): Notes on a new Tritylodontid. — Res. Nat. Mus., *2*: 7-9.
FRICK, H. & STARCK, D. (1963): Vom Reptil- zum Säugerschädel. — Z. Säugetierkde., *28*: 321-341.
GAUPP, E. (1908): Zur Entwicklungsgeschichte und vergleichenden Morphologie des Schädels von *Echidna aculeata* var. *typica*. — in: SEMON, Zool. Forschungsreisen VI: 539-788. Denkschr. med.-nat. Ges. Jena.
-- (1912): Die REICHERTsche Theorie (Hammer-Amboss-Kiefergelenkfrage). — Arch. Anat. Entwicklungsgesch. (Suppl.) *1912*.
GREEN, H.L.H.H. (1937): The development and morphology of the teeth of *Ornithorhynchus*. — Transact. roy. phil. Soc. London, (B)*228*: 367-420.
GREGORY, W.K. (1947): The Monotremes and the Palimpsest theory. — Bull. amer. Mus. natur. Hist., *88*: 1-48.
-- (1951): Evolution emerging *1*, *2*. New York (McMillan).
GRIFFITHS, M. (1968): Echidnas. Oxford, London, New York (Pergamon Press).
HAHN, G. (1969): Beiträge zur Fauna der Grube Guimarota nr. 3. Multitubercula-

ta. — Palaeontograph., (A)*133*: 1.
HEDIGER, H. (1958): Verhalten der Beuteltiere (Marsupialia). — Handb. Zoologie, *8*(18): 1-28.
HIIEMAE, K.M. (1967): Masticatory function in the mammals. — J. dent. Res., Suppl. *5*, : 883-893.
HIIEMAE, K.M. & CROMPTON, A.W. (1971): A cinofluorographic study of feeding in the American opossum, *Didelphis marsupialis*. — in: DAHLBERG, A.A. (ed.): Dental morphology and evolution,: 299-334. Chicago (Univ. of Chicago Press).
HILL, J.P. (1910): The early development of the Marsupialia, with special reference to the native cat (*Dasyurus viverrinus*). — Quart. J. micr. Sci., *56*: 1-134.
HINES, M. (1929): The brain of *Ornithorhynchus anatinus*. — Phil. Transact. roy. Soc. London, (B)*217*: 155-287.
HOFER, H. (1952): Über das gegenwärtige Bild der Evolution der Beuteltiere. — Zool. Jb. (Anat.), *72*: 365-437.
HOFFSTETTER, R. (1975): Les Marsupiaux et l'histoire des Mammifères, aspects phylogéniques et chorologiques. — Problèmes actuels Paléontol.; Colloq. internat. C.N.R.S. 1973, *218*: 591-610. Paris.
KAISER, W. (1931): Die Entwicklung des Scrotums bei *Didelphis aurita* WIED. — Morph. Jb., *68*: 391-433.
KAY, R. (1973): Mastication, molar tooth structure and diet in Primates. — Diss. Yale Univ. PH. D. (1973): 1-376.
KERMACK, K.A. (1962): Structure cranienne et évolution des Mammifères mésozoiques. — Problèmes actuels de Paléontol. Colloq. internat. C.N.R.S., *104*: 311-317. Paris.
-- (1963): The cranial structure of the Tricondontes. — Phil. Transact. London, (B)*246*: 83-103.
KERMACK, D.M. & KERMACK, K.A. (ed.) (1971): Early mammals. London (Acad. Press) Suppl. *1*, Zool. Journ. Linn. Soc., *50*.
KERMACK, K.A. & KERMACK, M.D. & MUSSETT, F. (1956): Specimens of new mesozoic mammals. — Proc. geol. Soc. London, *1533*, : 31-32.
KERMACK, K.A. & KIELAN-JAWOROWSKA, Z. (1971): Therian and nontherian mammals. — in: Early mammals, KERMACK & KERMACK (ed.), London (Acad. Press): 103-115.
KERMACK, K.A. & MUSSETT, F. (1958): The jaw articulation of the Docodonta and the classification of Mesozoic Mammals. — Proc. roy. Soc. London, (B)*149*: 204-215.
-- (1958): The jaw articulation in mesozoic mammals. — XV. Internat. Congr. Zool., :(V)*8*: 1-2.
KIELAN-JAWOROWSKA, Z. (1969): Results of the Polish-Mongolian Palaeontological expeditions II. New upper cretaceous Multituberculate genera from Bayn Dzak, Gobi desert. Palaeont. Polon., *21*: 35-49.
-- (1970): Unknown structures in multituberculate skull. — Nature, *226*: 974-976.
-- (1971): Results of the Polish-Mongolian palaeontol. expeditions. III. Skull structure and affinities of the Multituberculata. — Palaeont. Polon., *25*: 5-41.
-- (1975): Evolution of the Therian Mammals in the late Cretaceous of Asia I. Deltatheriidae. — Palaeont. Polon., *33*.
-- (1975): Evolution and migrations of the late Cretaceous Asian Mammals. Problèmes actuels de Paleont. Colloq. internat. C.N.R.S. *218*: 573-584.
KIELAN-JAWOROWSKA, Z. & SOCHAVA, A. (1969): The first Multituberculate from the uppermost Cretaceous of the Gobi desert (Mongolia). — Acta Palaeont. Polon., *14*: 335-371.
KIRSCH, J.A.W. (1968): Prodromus of the comparative serology of Marsupialia. — Nature, *217*: 418-420. London.
KLIMA, M. (1973): Die Frühentwicklung des Schultergürtels und des Brustbeins bei den Monotremen (Mammalia, Prototheria). — Ergeb. Anat., *47*: 1-80.
KÜHNE, W.G. (1958): Rhaetische Triconodonten aus Glamorgan, ihre Stellung zwi-

schen den Klassen Reptilia und Mammalia und ihre Bedeutung für die REICHERTsche Theorie. — Pal. Z., *32*: 197-235.
KÜHNE, W.G. (1973): The systematic position of Monotremes reconsidered (Mammalia). — Z. Morph. Tiere, *75*: 59-64.
-- (1975): Marsupium and marsupial bone in mesozoic mammals and in the Marsupionta. — Problèmes actuels de Paléont., Colloq. internat. C.N.R.S. Paris, *218*: 585-590.
-- (1977): On the Marsupionta, a reply to Dr. PARRINGTON. — J. natur. Hist., *11*: 225-228.
KUHN, H.J. (1971): Die Entwicklung und Morphologie des Schädels von *Tachyglossus aculeatus*. — Abh. Senckenberg. naturforsch. Ges. Frankfurt a.M., *528*: 1-224.
LENDE, R.A. (1964): Representation in the cerebral cortex of a primitive Mammal. — J. Neurophysiol., *27*: 37-48.
LILLEGRAVEN, J.A. (1969): Latest cretaceous mammals of upper part of Edmonton formation of Alberta, Canada and review of marsupial-placental dichotomy in mammalian evolution. — Univ. Kansas palaeont. contrib. *50*(Vertebrates 12): 1-122.
-- (1972): Ordinal and familial diversity of Cenozoic mammals. — Taxon, *21*: 261-274.
-- (1974): Biogeographical considerations of the marsupial-placental dichotomy. — Ann. rev. Ecol. Syst., :263-283.
-- (1976): Biological considerations of the marsupial-placental dichotomy. — Evolution, *29*: 707-722.
MAIER, W. (1977): Die Evolution der bilophodonten Molaren der Cercopithecoidea. Eine funktionsmorphologische Untersuchung. — Z. Morph. Anthrop., *68*: 26-57
MOELLER, H. (1968): Zur Frage der Parallelerscheinung bei Metatheria und Eutheria. Vergleichende Untersuchungen an Beutelwolf und Wolf. — Z. wiss. Zool., *177*: 284-392.
-- (1973): Die Evolutionshöhe des Marsupialiergehirns. — Zool. Jb. (Anat.), *91*: 434-448.
-- (1975): Sind die Beutler den plazentalen Säugern unterlegen? — Säugetierkdl. Mitt., *23*: 19-29.
MÜLLER, F. (1968): Ontogenetische Indizien zur Stammesgeschichte der Monotremen. — Verh. naturf. Ges. Basel, *79*: 113-160.
PATTERSON, B. (1956): Early Cretaceous Mammals and the evolution of Mammalian molar teeth. — Fieldiana, Geol., *13*: 1-105.
-- (1957): Mammalian phylogeny. — 1. Sympos. sur la spécifité des parasites de Vertébrés: 15-49. Neuchatel.
PODUSCHKA, W. (1976): Die bisher bekannte Verständigung der Insektivoren. — Ric. di Biol. della selvaggina. *7*(Suppl.): 595-648. Bologna.
PODUSCHKA, W. & FIRBAS, W. (1968): Das Selbstbespeicheln des Igels, *Erinaceus europaeus* LINNE, 1758, steht in Beziehung zur Funktion des JAKOBSONschen Organes. — Z. Säugetierkde., *33*: 160-172.
REED, C.A. (1960): Polyphyletic or monophyletic ancestry of mammals; what is a class? — Evolution, *14*: 314-322.
ROMER, A.S. (1969): Cynodont reptile with incipient mammalian jaw articulation. — Science, 166: 881-882.
-- (1969): The Brazilian Triassic Cynodont reptiles *Belesodon* and *Chiniquodon*. — Breviora (Mus. comp. Zool.), *332*: 1-16.
-- (1969): The Chanares (Argentina) triassic reptile fauna V. A new Chiniquodontid Cynodont, *Probelesodon lewisi*, Cynodont ancestry. — Breviora (Mus. comp. Zool.), *333*: 1-14.
SCHARRER, E. (1936): Das Zentralnervensystem. Allgem. Teil. Spez. T.: Monotremata, Marsupialia. — in: BRONNs Klassen u. Ordnungen des Tierreichs 6, V. Säugetiere *3*(1): 1-169. Leipzig (Akad. Verlagsges.)
SCHULTZE-WESTRUM, T. (1965): Innerartliche Verständigung durch Düfte beim Gleitbeutler, *Petaurus breviceps papuanus* THOMAS (Marsupialia, Phalangeridae). — Z. vgl. Physiol., *50*: 151-220.

SIMPSON, G.G. (1927): Mesozoic Mammalia IX. The brain of Jurassic mammals. – Amer. J. Sci., *5*. (ser. 14).
-- (1928): A catalogue of the mesozoic mammalia in the geological department of the British Museum. London (Trustees of the British Museum Natural. History) 1928.
-- (1936): Studies of the earliest mammalian dentitions. – Dental Cosmos, *78*: 791-800, : 940-953.
-- (1945): The principles of classification and a classification of Mammals. – Bull. amer. Mus. natur. Hist., *85*: 1-350.
-- (1959): Mesozoic mammals and the polyphyletic origin of mammals. – Evolution, *13*: 405-414.
-- (1960): Diagnosis of the class Reptilia and Mammalia. – Evolution, *14*: 388-392.
-- (1961): Evolution of mesozoic mammals. – Colloq. internat. sur l'évolution des mammifères inférieurs et non spécialisés. Brüssel, : 57-95.
STARCK, D. (1959): Ontogenie und Entwicklungsphysiologie der Säugetiere. – Handb. Zoologie *8*(9): 1-276.
STONEHOUSE, B. & GILMORE, D. (ed.) (1977): The biology of the Marsupialia. Baltimore (Univ. Park Press).
SWAIN, T. (1976): Angiosperm - Reptile coevolution. – in: Morphology and Biology of Reptiles, BELLAIRS, A. d'A. & COX, C.B. (ed.), London (Acad. Press, Linn. Soc.), : 107-122.
SZALAY, F.S. (1976): Phylogenetic relationships and a classification of the Eutherian mammals.– in: Major patterns in Vertebrate evolution, HECHT, M.K. & GOODY, P.C. & HECHT, B.M. (ed.), New-York, London (Plenum Press),: 315-374.
THENIUS, E. (1967): Die Herkunft der Säugetiere. – Naturwiss. Medizin, *4*(17): 39-53.
-- (1969): Über einige Probleme der Stammesgeschichte der Säugetiere. Ergebnisse und Methoden der modernen Verwandtschaftsforschung. – Z. zool. Syst. Evolutionsforsch., *7*: 157-179.
-- (1969): Phylogenie der Mammalia. Stammesgeschichte der Säugetiere, einschließlich der Hominiden. – Handb. Zoologie *8*(2), Berlin (de Gruyter), : 1-722.
THENIUS, E. & HOFER, H. (1960): Stammesgeschichte der Säugetiere. Berlin, Göttingen, Heidelberg (Springer). 322 pp.
TYNDALE-BISCOE, C.H. (1973): Life of Marsupials. London (Arnold).
VAN BEMMELEN, J.F. (1901): Der Schädelbau der Monotremen. – Semon, Zoolog. Forschungsreisen 3, II (1) Denkschr. med. natw. Ges. Jena VI,1: 729.
VANDEBROEK, G. (1964): Recherches sur l'origine des Mammifères. – Ann. Soc. roy. Zool. Belgique, *94*: 117-160.
-- (1969): Evolution des Vertébrés, de leur origine à l'homme. Paris (Masson).
VAN VALEN, L. (1960): Therapsids as mammals. – Evolution, *14*: 3o4-313.
WATSON, D.M. (1916): The monotreme skull. A contribution to mammalian morphogenesis. – Phil. Trans. roy. Soc., ser. B., *207*: 311.
ZIEHEN, T. (1897): Das Centralnervensystem der Monotremen und Marsupialier I. Makr. Anatomie. – Semon, Zoolog. Forschungsreisen 3, 1. Denkschr. med. natw. Ges. Jena 6,1.
-- (1908): Das Centralnervensystem der Monotremen und Marsupialier II. Mikr. Anatomie. – Semon, Zoolog. Forschungsreisen 3. Denkschr. med. natw. Ges. Jena 6.

Anschrift des Verfassers: Prof. Dr. med. Dr. phil. h.c. D. STARCK, Zentrum d. Morphologie, Theodor Sternkai 7, D-6000 Frankfurt a.M.

Sonderbd. naturwiss. Ver. Hamburg	3	35–40	Hamburg 1978

Sind die Marsupialia spezialisiert oder höherentwickelt?*)

Von
H. F. MOELLER, Heidelberg
Mit 2 Abbildungen

Der Verfasser hat die Frage, ob die Marsupialia im Vergleich mit den Plazentalia als spezialisiert oder als höherentwickelt anzusehen sind, in verschiedenen Publikationen behandelt; deshalb folgt hier nur eine Zusammenfassung der wichtigsten Ergebnisse.

Die Beuteltiere (Marsupialia oder Metatheria) bewohnen heute Südamerika und Australien; während des Tertiär kamen mehrere Arten von Beutelratten (Didelphidae) auch in Europa vor. Während der südamerikanische Subkontinent nur zwei Ordnungen, die Rattenbeutler oder Opossums (Didelphida) und die Mausopossums (Caenolestia) mit je einer Familie beherbergt, zeigen die australischen Beutler einen bemerkenswerten Formen- und Artenreichtum: 3 Ordnungen mit 7 Familien, 57 Gattungen und 163 Arten verteilen sich über Australien, Neuguinea und Tasmanien; sie drangen im Westen bis Sulavesi (Celebes) und im Osten bis zu den Salomonen vor. Hier besiedeln sie nahezu alle Lebensräume und zeigen ähnliche Anpassungen wie plazentale Säugetiere auf anderen Kontinenten: Der Beutelmull (*Notoryctes*) lebt als unterirdischer Wühler, der Breitstirnwombat (*Lasiorhinus*) besitzt ein Nagetiergebiß (MOELLER 1974) und einige Raubbeutler (Dasyuridae) ähneln plazentalen Raubtieren (MOELLER 1968, 1973a). Die pflanzenfressenden Känguruhs (Macropodidae) schließlich sind in ihrer weiten ökologischen Valenz vielfach mit Huftieren verglichen worden. Insgesamt bietet diese Unterklasse der Mammalia eine Fülle hochgradig spezialisierter Tierformen (MOELLER 1976).

Die Plazentatiere werden allgemein als "höhere Säuger" bezeichnet, und bereits daraus ist die Annahme einer Inferiorität der Marsupialia gegenüber plazentalen Säugern ersichtlich, wie sie von vielen Autoren vertreten wird (MOELLER 1975). Als sicheres Zeichen für die Unterlegenheit der Beutler gilt ihre Verdrängung bzw. Ausrottung durch "stellenäquivalente" Plazentatiere. Dafür werden u.a. die geringe Entwicklungshöhe der Neugeborenen und das angeblich generell kleinere Gehirn der Beutler verantwortlich gemacht (MOELLER 1970, 1973b). Gegen diese Annahme sprechen folgende Tatsachen:

*) Kurzfassung eines Vortrages, gehalten auf dem 22. Phylogenetischen Symposion in Karlsruhe, 25. - 27- November 1977

1. Marsupialia und Plazentalia leben in größerer Artenzahl im gleichen natürlichen Verbreitungsgebiet; mehrere Beutler-Arten weisen in ihren Lebensansprüchen (Biotop, Nahrungsspektrum) und in ihrer Aktivität weitgehende Übereinstimmungen mit Arten der Eutheria auf, ohne daß Konkurrenz nachweisbar wäre. Das gilt sowohl für die australische Faunenregion wie auch für Süd- und Nordamerika.

2. Auf Neuseeland und auch in Europa wurden Marsupialia eingeführt, von denen nachweislich n i c h t e i n e e i n z i g e A r t von ebenfalls eingeführten beziehungsweise einheimischen plazentalen Säugetieren verdrängt oder ausgerottet worden ist.

3. Plazentalia wurden auf Neuguinea wie auch in Australien und auf Tasmanien eingeführt, und auch hier wird deutlich, daß keine einzige Beuteltierart von einer "stellenäquivalenten", also von einer ökologisch entsprechenden oder sehr ähnlichen Art verdrängt wurde. Das Aussterben und der starke Rückgang vieler Beuteltiere beruhen vielmehr auf direkter Bejagung, auf Veränderung des Lebensraumes durch den Menschen und seine Haustiere und dem Einführen von Fuchs und Katze; ihnen fielen die kleineren Beutler - als Beutetiere - zum Opfer. Die Annahme einer Verdrängung des Beutelwolfs (*Thylacinus cynocephalus*) durch den vom Menschen eingeschleppten Dingo ist neben anderen gegen diese Vorstellung sprechenden Tatsachen damit zu entkräften, daß beide Arten ca. 5 000 Jahre nachweislich n e b e n e i n a n d e r auf dem australischen Festland lebten, und daß der Beutelwolf auf Neuguinea, wo der Dingo fehlte, ebenfalls ausstarb. Der Niedergang vieler Großbeutler, wie *Diprotodon, Nototherium, Phascolonus, Thylacoleo* und *Sthenurus* im späten Pleistozän beruht wohl in der Hauptsache auf der großräumigen Klimaveränderung und den dadurch bedingten Dürrekatastrophen.

Die allgemeine Verbesserung oder Vervollkommnung eines Organismus ohne spezielle Anpassungsrichtung wird allgemein als Höherentwicklung oder Anagenese bezeichnet. Innerhalb der Mammalia gelten Größe und relative Neocortex-Ausdehnung des Gehirns als Maßstab für die Evolutionshöhe einer Art oder einer Verwandtschaftsgruppe.

In Abb. 1 wurden von vier Beuteltierfamilien mit Arten jeweils unterschiedlicher Körpergröße die beiden Variablen Hirngewicht und Körpergewicht in Beziehung gesetzt. Verbindet man die Mittelwerte der einzelnen Arten innerhalb einer engeren Verwandtschaftsgruppe, so zeigen die entstandenen Geraden in Form von Transpositionen deutliche Unterschiede in der Hirngröße auf. Innerhalb der Ordnung Rattenbeutler mit der einzigen Familie Beutelratten oder Opossums (Didelphidae) zeigen die vier dargestellten Arten gut gesicherte Werte. Im Größenbereich zwischen 300 und 3 000 g Körpergewicht kennzeichnet die "Opossum-Gerade" die Hirngröße innerhalb dieser Familie. Sie repräsentiert innerhalb der Beuteltiere das niedrigste Evolutionsniveau. Deutlich nach oben versetzt ist die Gerade der Beutelmarder (Dasyuridae), von denen drei Arten zur Verfügung standen. Die Ordnung der Zehenbeutler (Phalangeria) ist mit drei Familien vertreten: Die Familiengerade der Kletterbeutler (Phalangeridae)* zeigt gegenüber der Raubbeutler-Geraden ebenfalls

*) *Phascolarctos*, der nach neueren Erkenntnissen eine eigene Familie repräsentiert, wird hier als Kletterbeutler verstanden.

eine Transposition nach oben. Die Orientierungsgerade der Echtkänguruhs (Macropodinae) basiert auf Werten von vier Arten; sie ist gegenüber der Kletterbeutler-Geraden wiederum nach oben versetzt.

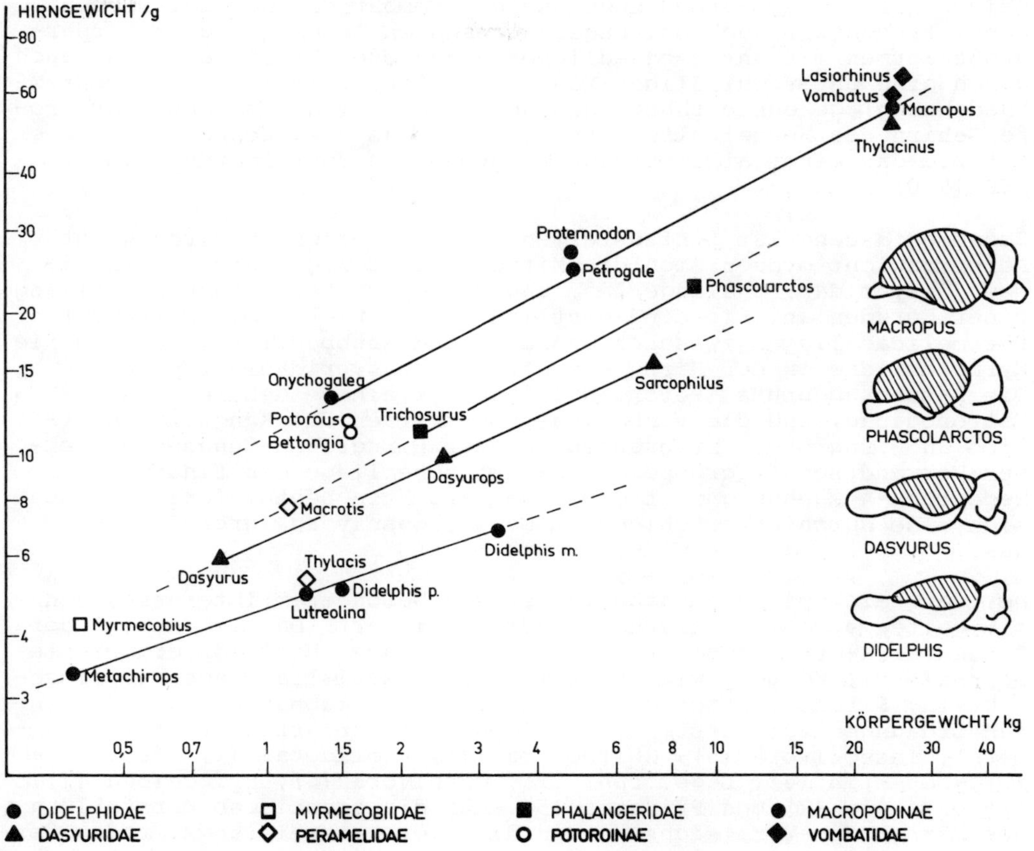

Abb. 1

Die Werte, die von Vertretern der übrigen Familien zur Verfügung standen, lassen wegen des geringen Materials nur eine grobe Orientierung zu. Innerhalb der Ordnung Nasenbeutler mit der einzigen Familie Peramelidae zeigen die beiden aufgetragenen Gattungen deutliche Unterschiede in der Hirngröße; das gleiche gilt - wenn auch in geringerem Maße - für die Familie der Wombats (Vombatidae) und die Unterfamilie der Rattenkänguruhs (Potoroinae). Eindrucksvoll in dieser Darstellung ist die nahezu parallele Transposition von Rattenbeutlern, Raubbeutlern, Kletterbeutlern und Springbeutlern. Das bedeutet: bei etwa 1,5 kg Körpergewicht hat ein Opossum 5 g, ein Beutelmarder 7,5 g, ein Kusu 9 g, ein Rattenkänguruh 11 g und ein Echtkänguruh etwa 13 g Hirngewicht.

Für die Bestimmung der Evolutionshöhe von Gehirnen kann der Größenvergleich nur einen ersten Anhalt geben. Die Ausdehnung des Neocortex, die meist auch äußerlich durch die Lage des Sulcus rhinalis (Fissura palaeo-neocorticalis) abgelesen werden kann, kennzeichnet das Evolutionsniveau weit besser. Daher wurden die Gehirne eines Nord-Opossums, eines Tüpfelbeutelmarders, eines Koalas und eines Roten Riesenkänguruhs stellvertretend für die durch

Orientierungsgeraden gekennzeichneten Verwandtschaftsgruppen in Lateralansicht dargestellt. Die Neuhirnrinde wurde schraffiert. Neben eigenen Fotos von frischen und konservierten Gehirnen dienten Abbildungen mehrerer Autoren als Zeichenvorlagen. Wie an den beiden Werten der Peramelidae und der Vombatidae gezeigt werden kann, finden wir auch bei enger verwandten Arten gleicher Körpergröße Formen mit unterschiedlicher Hirngröße. Diese ist meist auch durch eine unterschiedliche Lage des Sulcus rhinalis (= Neocortex-Ausdehnung) gekennzeichnet. Besonders auffallend ist das sehr große Gehirn des Beutelwolfs (*Thylacinus*), das etwa doppelt so schwer ist wie das eines allometrisch vergrößerten Beutelmarders (MOELLER 1970).

Zusammenfassend ist festzustellen: In der Beziehung Hirngewicht/Körpergewicht ordnen sich die Mittelwerte der größeren Didelphidae, Dasyuridae, Phalangeridae und Macropodinae weitgehend entlang einer Geraden an. Sie sind deutlich transponiert. Die Werte der Peramelidae liegen zwischen Opossums und Raubbeutlern, während die Myrmecobiidae in der Hirngröße etwa den Dasyuridae entsprechen. Die Rattenkänguruhs (Potoroinae) haben kleinere Gehirne als die Macropodinae, und die Vombatidae übertreffen die Känguruhs deutlich an Hirngröße. Entsprechend dieser Hirngrößen-Zunahme von einer Verwandtschaftsgruppe zur nächst höherliegenden findet eine Neocortex-Ausdehnung statt. Die untersuchten Beuteltiere zeichnen sich also durch Unterschiede im Evolutionsniveau ihrer Gehirne aus.

Der Vergleich mit den Eutheria ist von besonderem Interesse, denn sie gelten allgemein als höher cerebralisiert. Da eine Anzahl der Plazentalia-Ordnungen mit der unteren Grenze ihrer Körpergewichte oberhalb der Körpergewichtsmaxima der Marsupialia liegen (Perissodactyla, Sirenia, Proboscidea und Cetacea), kommen nur die folgenden Ordnungen zur Darstellung (die Anzahl der Arten steht in Klammern): Insectivora (5), Chiroptera (1), Pholidota (1), Edentata (3), Rodentia (6), Lagomorpha (2), Carnivora (6), Hyracoidea (1), Artiodactyla (2) und Primates (5). Für die graphische Darstellung des Hirngrößen-Vergleichs wurden die vier Orientierungsgeraden der Beutler sowie die ihnen zugrunde liegenden Werte mit den entsprechenden Symbolen eingetragen. Die Hirngewichte der Eutheria können so mit denen der Metatheria verglichen werden (Abb. 2).

Ergebnisse: Die Werte der Insectivora *Tenrec* und *Erinaceus* liegen u n t e r h a l b der Didelphiden-Geraden, auch der Neocortex ist kleiner. Bei etwa gleichem Verhältnis Hirngewicht/Körpergewicht besteht auch weitgehende Übereinstimmung in der äußerlich erkennbaren Neocortex-Größe bei folgenden Meta- und Eutheria (die Angaben für Eutheria beziehen sich auf Arten nahe der gruppentypischen Geraden):

- D i d e l p h i d a e: *Solenodon, Potamogale*;
- D a s y u r i d a e: *Manis, Ondatra, Rhynchocyon*;
- P h a l a n g e r i d a e: *Castor, Lepus, Oryctolagus*;
- M i t t e l f e l d z w i s c h e n P h a l a n g e r i d a e und M a c r o p o d i n a e: *Hystrix, Tragulus, Marmota, Chaetophractus, Pteropus*;
- M a c r o p o d i n a e: *Myocastor, Tamandua, Bradypus, Procavia, Mustela, Sciurus*.

Deutlich oberhalb der Macropodinae-Geraden liegen die Carnivora mit *Procyon, Vulpes, Felis, Martes, Genetta*, die Artiodactyla mit

Gazella und die Primates mit *Cercocebus, Cercopithecus, Cebus, Lemur, Perodicticus.*

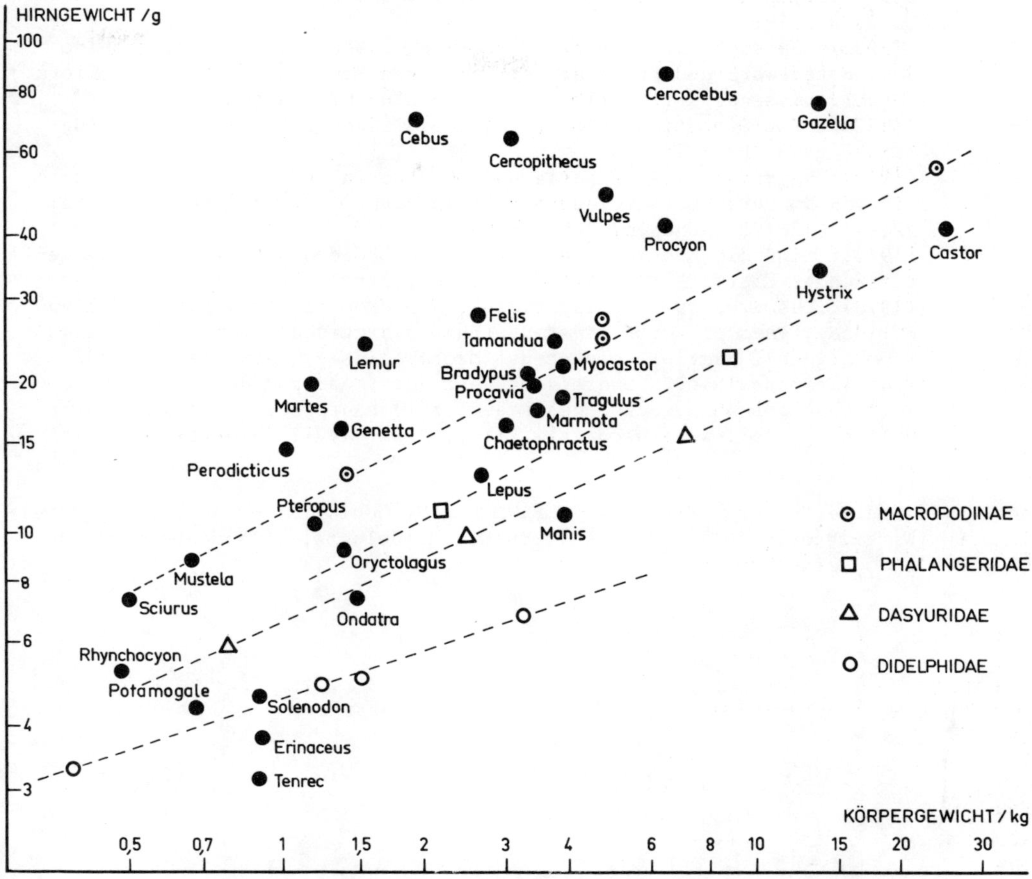

Abb. 2

Die Annahme einer Inferiorität der Beutler gegenüber den Plazentatieren hat in bezug auf den Evolutionsgrad der Gehirne keine Grundlage. Neben einem bemerkenswerten Spezialisierungsgrad erreichten die Marsupialia ein Evolutionsniveau, das mit dem der Plazentalia weitreichende Überschneidungen aufweist.

Aufschluß über die Leistungsfähigkeit des Beutlergehirns müssen Untersuchungen zum Lernverhalten geben, wie sie zur Zeit in Heidelberg durchgeführt werden.

Literatur

MOELLER, H. (1968): Zur Frage der Parallelerscheinungen bei Metatheria und Eutheria. Vergleichende Untersuchungen an Beutelwolf und Wolf. – Z. wiss. Zool. *177*: 283-392. Leipzig.

MOELLER, H. (1970): Vergleichende Untersuchungen zum Evolutionsgrad der Gehirne großer Raubbeutler (*Thylacinus, Sarcophilus* und *Dasyurus*) I. Hirnform und Furchenbild. — Z. zool. Syst. Evolutionsforsch., *8*(1): 69-80. Hamburg, Berlin.

-- (1973a): *Sarcophilus harrisi* (Dasyuridae). Gebrauch der Vorderbeine bei Beuteerwerb und Fressen; Beutefang und Fressen; Fressen von Eiern. — Publ. wissenschaftl. Film. *6*(2): 184-216. Göttingen.

-- (1973b): Zur Evolutionshöhe des Marsupialiagehirns. — Zool. Jb. Anat., *91*: 434-448. Leipzig.

-- (1974): Nagezähne bei Eutheria und Metatheria. Ein Beitrag zur Kenntnis von Konvergenzerscheinungen bei Säugern. — Säugetierkundl. Mitt., *22*(2): 112-122. München, Bern, Wien.

-- (1975): Sind die Beutler den plazentalen Säugern unterlegen? — Säugetierkundl. Mitt., *23*(1): 19-29. München, Bern, Wien.

-- (1976): *Dasyurus quoll* (Dasyuridae), *Dactylopsila trivirgata* (Phalangeridae), *Phascolarctos cinereus* (Phascolarctidae), *Vombatus ursinus* (Vombatidae), *Macropus giganteus* (Macropodidae), *Dendrolagus goodfellowi* (Macropodidae), *Dendrolagus dorianus* (Macropodidae); Nahrungserwerb und -aufnahme, Bewegungsweisen sowie Hautpflege- und Kampfverhalten. — Publ. wissenschaftl. Film., *9*(2): 119-233. Göttingen.

Anschrift des Verfassers: Prof. Dr. H.F. MOELLER, Zoologisches Institut - Abteilung für Wirbeltiermorphologie -, Universität Heidelberg, Im Neuenheimer Feld 230, D - 6900 Heidelberg.

Sonderbd. naturwiss. Ver. Hamburg	3	41–60	Hamburg 1978

Die Evolution der tribosphenischen Säugetiermolaren*)

Von
WOLFGANG MAIER, Frankfurt a. M.

Mit 6 Abbildungen

Inhalt

A. Einführung

Die evolutive Entwicklung der Säugetiere war ein sehr komplexer Vorgang, bei dem die innere Organisation in Wechselwirkung mit äußeren Existenzbedingungen allmählich ein qualitativ neues Niveau erreichte. Aufgabe der Evolutionsbiologie muß es sein, diesen Prozeß möglichst umfassend nachzuzeichnen und ursächlich zu verstehen; dies ist im Beitrag von STARCK (1978) angestrebt.

Die Erörterung der Molarenevolution schränkt die Perspektive scheinbar in unzulässiger Weise ein, da wenigstens der funktionelle Komplex des Kauapparates als Einheit rekonstruiert sein sollte, um von daher den Funktionskreis der Ernährungsbiologie verständlich zu machen. Im Beitrag STARCK sind jedoch die notwendigen Hinweise auf die Schädelkonstruktion, die Differenzierung der Kaumuskulatur und des sekundären Kiefergelenkes, des Vestibulum oris und der Zunge, des sekundären Gaumens, der Speicheldrüsen etc. gegeben. Die Beschränkung auf die Molarenevolution legitimiert sich primär aus dem Sachverhalt, daß Zähne als härteste organismische Strukturen das Hauptkontingent fossiler Säugetiere darstellen und deshalb seit jeher bevorzugtes Forschungsobjekt der Paläontologie und der Morphologie bilden; darüber hinaus kann jedoch das Zahnrelief auch als funktionelle Endstrecke des gesamten Kauapparates aufgefaßt werden, denn letztlich wird ja zwischen den antagonistischen Zahnreihen die mechanische Nahrungsaufbereitung ausgeführt. Insofern muß davon ausgegangen werden, daß die Strukturierung des Zahnreliefs mit der artspezifischen

*) Vortrag gehalten auf dem 22. Phylogenetischen Symposion in Karlsruhe, 25. - 27. November 1977.

Ernährungsweise korreliert ist und daher einem fortwährenden selektiven Anpassungsprozeß ausgesetzt sein muß. Dementsprechend wird hier eine konstruktiv-funktionelle Betrachtungsweise angestrebt, während sich zahlreiche vergleichende Morphologen zu sehr vom Formenreichtum des Molarenreliefs fesseln ließen und sich im Erstellen enkaptischer Ähnlichkeitssysteme erschöpften. Die Funktionsmorphologie der Zähne kann sich auf CUVIER (1810) als sehr klarsichtigen Ahnvater berufen.

Nach dem 1. Prinzip der COPE-OSBORNschen Theorie sind die Molaren aller höheren Säugetiere von einem trituberculären Molarentypus abzuleiten (OSBORN 1907). Darunter wurde verstanden eine dreieckige Anordnung der Haupthöcker, wobei diese Dreikante an unteren und oberen Molaren invers stehen und so ineinander greifen können; dem unteren Dreikant (Trigonid) ist distal jeweils noch ein niedriges Talonid-Becken angegliedert, das den Innenhöcker des nächstfolgenden oberen Molaren als Antagonisten aufnimmt. Insbesondere dieser untere Molarentypus wurde häufig auch als tuberculosectorial oder trituberculosectorial bezeichnet, im deutschen Sprachraum waren die Begriffe trigonodont (RÜTIMEYER) und trigonal (DÖDERLEIN) gebräuchlich. SIMPSON (1936) hat dann für diesen basalen Molarentypus der Säugetiere die Bezeichnung 'tribosphenischer Molar' geprägt, die heute allgemein akzeptiert ist; SIMPSON konzipierte die komplementären unteren und oberen Molaren dabei als funktionelle Einheit und führte ihre evolutive Bedeutung auf die Kombination scherender und quetschender Bauelemente zurück: "suggestive of the mortar and pestle, opposing action of protocone and talonid and of the wedge-like, alternating and shearing action of trigon and trigonid" (: 797).

Die vorliegende Untersuchung möchte die evolutive Herausbildung dieses tribosphenischen Molarentypus eingehender darstellen und in evolutionsbiologische Zusammenhänge bringen. Zahlreiche neue Arbeiten erleichtern dieses Vorhaben und machen es möglich, über die traditionellen Theorien von COPE und OSBORN, so fruchtbar sie auch waren, hinauszukommen. Immerhin hatte schon PATTERSON (1956) ein wichtiges Postulat dieser Theorie, nämlich die Homologie des Protoconus und des Eoconus, falsifizieren können. Allerdings kann es hier nicht darum gehen, die mittlerweile vielfältige Radiation mesozoischer Säugetiere zu erörtern; an Hand einiger weniger ausgewählter Fossilfunde sollen die hauptsächlichen evolutiven Differenzierungsstufen primitiver Säugermolaren charakterisiert werden. Dabei ist insbesondere der gradistische Übergang vom Reptilien- zum Säugerstatus etwas eingehender zu diskutieren, zum anderen soll am Beispiel der Primatenordnung die cänozoische Weiterentwicklung des tribosphenischen Molaren exemplarisch illustriert werden.

B. Funktionsmorphologie der tribosphenischen Molaren

Bevor die evolutive Entstehung des tribosphenischen Molarentypus dargelegt werden kann, müssen die hier verwendeten methodischen Prämissen kurz erläutert werden; ausführlicher wurde darauf an anderer Stelle eingegangen (MAIER 1977a). Die typologische Morphologie hat keine Möglichkeiten, die unterschiedlich geformten oberen und unteren Molaren direkt miteinander zu vergleichen; ansatzweise wurde dies von COPE und OSBORN versucht, indem einzelne Höcker miteinander 'homologisiert', und mit einer entsprechenden Benennung charakterisiert wurden (Protoconus - Protoconid etc.). Wenn aber Homologie Abstammungsgleichheit bedeuten soll (GEGENBAUR 1898, OSCHE 1966), war dieser Versuch, der nunmehr terminologisch verankert ist, von vorneherein untauglich. In der Vergangenheit wurden dementsprechend von der vergleichenden Morphologie und der Zoosystematik obere und untere Zahnreihen jeweils für sich getrennt betrachtet und klassifiziert (REMANE 1960); nicht selten dürften so in der Paläontologie überflüssige Morphospezies definiert worden sein. Dabei wurde insbesondere das Relief der Molaren als eine reine Formkonfiguration oder eine Art Landschaft behandelt. Funktionelle Interpretationen blieben sehr allgemein und bezogen sich primär auf das einfacher konstruierte Frontgebiß; es mag aufschlußreich sein, darauf hinzuweisen, daß in der Systematik der Insectivora und der Primates, die dem Verfasser etwas näher bekannt ist, gerade das Frontgebiß eine größere Bedeutung besaß als die Molaren.

Es hat in der Vergangenheit allerdings nicht völlig an Versuchen gemangelt, obere und untere Zahnreihen als komplementäre, funktionell zusammengehörige mechanische Systeme zu betrachten, so wie man ja auch zwei Gelenkflächen als Einheit ansieht. Schon COPE und OSBORN haben Höcker- und Kantensysteme antagonistischer Zahnreihen aufeinanderprojiziert, aber vor allem GREGORY (1920, 1922) und BUTLER (1952) haben eingehend die okklusalen Beziehungen zwischen unteren und oberen Strukturen des Zahnreliefs studiert. Allerdings fehlte zur damaligen Zeit das methodische Fundament zur Verallgemeinerung dieser Befunde; dieses wurde m.E. geliefert durch die kinematographischen Analysen der Kaubewegungen beim Opossum (*Didelphis marsupialis*), das gleichzeitig eine relativ primitive Strukturierung des Molarenreliefs aufweist (HIIEMAE & CROMPTON 1971). Mittlerweile sind insbesondere noch zahlreiche Primatentaxa in ähnlicher Weise durchuntersucht worden (KAY 1973, KAY & HIIEMAE 1974); vom Menschen liegen entsprechende Studien natürlich schon längere Zeit vor, auch wenn sie teilweise andersartig ausgewertet wurden (WILD 1950, REUMUTH 1956). Alle diese Arbeiten belegen, daß die Kaubewegungen in sehr stereotypen Zyklen ablaufen, wobei immer nur eine Kieferseite aktiv ist. In Abb. 1A sind diese Kauzyklen schematisch dargestellt. Von besonderer Wichtigkeit ist dabei naturgemäß die kraftschlüssig geführte eigentliche Okklusionsbewegung (Artikulation), während der die wesentlichen mechanischen Prozesse der Nahrungsaufbereitung ablaufen.

Bei der Artikulation der Molaren kommt es zunächst zu einem scherenartigen Schneiden zwischen den buccalen Zahnkanten; daran anschließend schleifen die Höckerflanken gegeneinander ab, wobei der vertikale Kaudruck in eine Druck- oder Quetschkomponente und in eine Schub- oder Mahlkomponente zerlegt wird. Mit kurzer zeitlicher Versetzung wiederholt sich dieser Vorgang zwischen den lingualen Höcker- und Kantensystemen (Abb. 1B). Gegen Ende dieser Phase I der Okklusion nähern sich die Innenflanke des unteren Außenhöckers und die Außenflanke des oberen Innenhöckers als breitflächige Preßflächen; dabei bilden sich Kompressionskammern aus, die jedoch mit einem Rinnensystem versehen sein müssen, damit der inkompressible Gewebesaft abfließen kann. Wie der Verlauf der Attritionsrillen beweist, werden die Höckerspitzen in den Beckensohlen 'rund' in die Phase II der Okklusion umgelenkt; die maximale Interkuspidation wird vielfach als zentrische Okklusion bezeichnet, wobei sich diesem Begriff vielfach statische Auffassungen anheften. Die Bedeutung der Phase II-Facetten wurde lange verkannt, und sie werden noch heute in der zahnmedizinischen Literatur als Kontakte der Balanceseite beschrieben (RAMFJORD & ASH 1968). Insbesondere bei den herbivor adaptierten Säugermolaren werden diese Facettensysteme als Reibeflächen extensiv ausgestaltet (MAIER 1977a, b), während sie möglicherweise bei den primitivsten tribosphenischen Formen noch keine Rolle spielen.

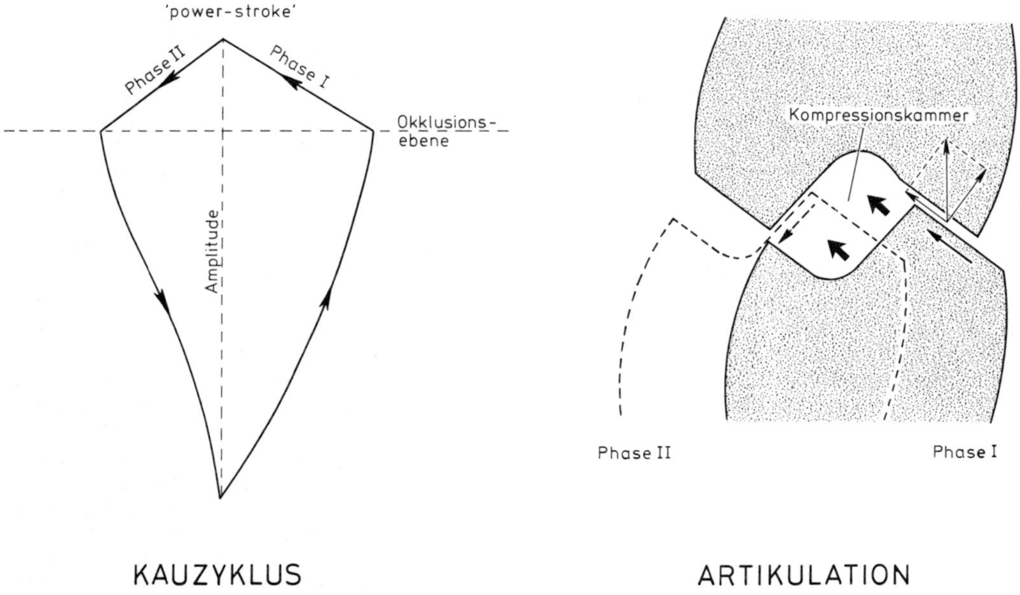

Abb. 1: Schematische Darstellung der Phasen eines typischen Kauzyklus (A), sowie der Okklusionsmechanik eines Molarenpaares (B). Die Kaubewegung umfaßt eine Öffnungs-, Schließ- und Okklusionsphase; letztere ist kraftschlüssig vom Zahnrelief geführt ('power-stroke') und läßt sich in eine Phase I (Eingleiten) und eine Phase II (Ausgleiten) untergliedern; die rund geführte Umlenkung dieser beiden Okklusionsphasen wird 'zentrische Okklusion' genannt. In B sind die mechanischen Grundvorgänge der Okklusion an einem Frontalschnitt durch ein Molarenpaar näher erläutert; dabei ist das verdoppelte buccale und linguale Kantenscheren der Phase I zu erkennen, dem sich jeweils ein Flächenscheren anschließt; hierbei wird der vertikale Kaudruck in eine Druck- und eine Schubkomponente zerlegt, deren Größe von der Flächenneigung abhängt; die Kombination von Druck- und Schubkräften wird als Zerreiben oder Zermahlen bezeichnet. Während der Phase II kommt es primär zu einem Flächenscheren.

Zwischen den Kantensystemen, die sich in bestimmten Raumorientierungen überkreuzen, wird die Nahrung zerschnitten (SHEINE & KAY 1977), während zwischen den abgeschrägten, komplementären Flächen Druck- und Schubkräfte erzeugt werden; die Kombination dieser beiden Kräfte, die auch als Zerreiben oder Zermahlen bezeichnet werden kann, dürfte insbesondere für die Erschließung des schwer zugänglichen Inhalts pflanzlicher Zellen wichtig sein. Dementsprechend werden bei herbivoren Säugern die Scherflächen vergrößert und abgeflacht, während bei den carnivoren bzw. insectivoren Formen scharfe Kanten dominieren.

Frisch eruptierte Zähne stellen gewissermaßen einen genetisch präformierten 'Rohguß' dar, der nur näherungsweise auf seinen Antagonisten abgestimmt ist. Erst durch Usur infolge vielfach wiederholter Kauzyklen schleifen sie sich allmählich exakt aufeinander ein, wobei komplementäre Facettenpaare entstehen; diese stellen schließlich die eigentlichen Funktionsstrukturen dar. Die Oberfläche dieser planen Facetten läßt in der Regel mehr oder weniger parallel ausgerichtete Kratzer oder Attritionsrillen erkennen, welche die Richtung der Kaubewegungen dokumentieren - auch bei fossilem Zahnmaterial.

Wenn die entwickelten Vorstellungen nunmehr auf das Molarenrelief übertragen werden, so zeigt sich ein wohldefiniertes und relativ konstantes Muster von komplementären Kanten- und Facettenpaaren, das während des gesamten Lebens gesetzmäßig modifiziert wird (Abkaumuster). Diese Funktionsstrukturen stehen selbstverständlich mit den genetisch vorgegebenen, d.h. stammesgeschichtlich selektierten Reliefformen in engem konstruktiven Zusammenhang, oder, richtiger gesagt, sie ermöglichen erst ein funktionelles Verständnis der Formverhältnisse. Jedes Facettenpaar besitzt eine bestimmte räumliche Anordnung und konstruktive Ausstattung, die in Korrelation mit seiner kaumechanischen Aufgabe zu bringen ist. Hinsichtlich seiner kaumechanischen Aufgabe (und dies ist doch wohl die biologisch wesentliche Funktion) stellt ein antagonistisches Zahnpaar einen Strukturkomplex dar, der eine definierte Anzahl kaumechanischer Grundelemente beherbergt; in erweitertem Sinne trifft dies naturgemäß auf die gesamte Dentition zu, wobei davon ausgegangen werden muß, daß sowohl die einzelnen Bauteile, als auch ihre Gesamtheit annähernd optimal an die artspezifischen Ernährungsbedingungen angepaßt sind - gleichzeitig aber selbstverständlich auch eine stammeshistorische Kompromißlösung darstellen müssen! Hier werden demnach die Kanten- und Facettenpaare als Form-Funktionskomplexe aufgefaßt, denen für evolutive Überlegungen besondere Bedeutung zukommt (BOCK & VON WAHLERT 1965).

Am Beispiel einer gut bekannten Fossilform aus dem nordamerikanischen Eozän, dem Palaeoryctiden *Didelphodus*, hat CROMPTON (1971) die funktionsmorphologische Grundausstattung der tribosphenischen Molaren erläutert; damit ist nicht ausgesagt, daß *Didelphodus* stammesgeschichtlich eine derart zentrale Rolle spielen könnte. In Abb. 2 ist die von CROMPTON vorgeschlagene Nomenklatur der Facettenpaare der herkömmlichen Terminologie gegenübergestellt. Dieser Denkansatz impliziert die konstruktiv und funktionell notwendige Zusammengehörigkeit unterer und oberer Antagonisten; ein einzelner Zahn kann Forschungssubstrat nur insoweit sein, als sein Antagonist faktisch oder theoretisch mitberücksichtigt wird!

Im folgenden soll bei der Erörterung der Molarenevolution vorrangig die graduierliche Differenzierung der funktionell relevanten Strukturen, d.h. des Facettenmusters betrachtet werden, ohne daß die damit korrelierten morphologischen Gegebenheiten völlig außer Betracht bleiben; eine Reihe von Zahnstrukturen wird noch nicht voll verstanden, so etwa die Cingula, die vermutlich als statische Verfestigungen, als Widerlager für den Bolus und als Führungsschienen oder Stops für antagonistische Höcker dienen. Aus der beträchtlichen Anzahl der mittlerweile bekannten mesozoischen Säugetiere sollen nur wenige, für unsere Zwecke repräsentative Formen ausgewählt werden, um die wichtigsten Evolutionsstadien zu belegen. Hier wird also gewissermaßen eine Organphylogenese der Molaren versucht, ohne daß die Bedeutung der Zähne im biologischen Gesamtkontext aus den Augen verloren wird. Beim gegenwärtigen Stand der funktionsmorphologischen Erkenntnisse scheint eine Beschränkung auf gradistisch-anagenetische Problemstellungen angezeigt, während systematisch-cladistische Fragen nur am Rande gestreift werden.

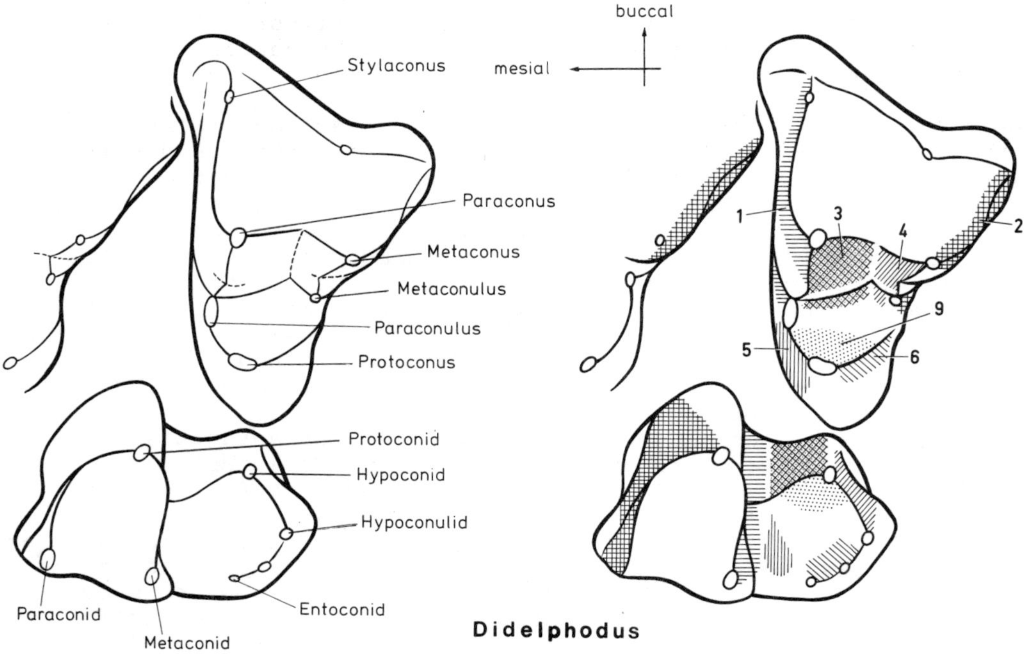

Abb. 2: Molarenpaar von *Didelphodus* sp. als Beispiel des tribosphenischen Konstruktionstypus. Links die herkömmliche Höckerterminologie, rechts die numerische Benennung der funktionsmorphologisch relevanten Facettenpaare derselben Zähne. Beachte vor allem die transversale Orientierung der Facetten 1 und 2 sowie die Kantenverdoppelung sämtlicher vier Ectoloph-Facetten; im Unterschied zur Vorlage ist hier aus konstruktiven Erwägungen ein Facettenpaar 9 der Phase II eingetragen (n. CROMPTON 1971). Im folgenden sind Numerierung und Schraffur der einzelnen Funktionselemente immer gleich gehalten.

C. Die Evolution der tribosphenischen Molaren

Am Beginn einer Revision der Säugerevolution müssen immer die präadaptiven Voraussetzungen geprüft werden, die bei den unmittelbaren Vorläufern auf dem Reptilien-Niveau gegeben waren. Während lange Zeit ein polyphyletischer Ursprung der Klasse Mammalia aus diversen Gruppen der Therapsida angenommen wurde (SIMPSON 1961, 1971; STARCK & FRICK 1963), wird gegenwärtig eher ein monophyletisches Konzept diskutiert (HOPSON & CROMPTON 1969). Die mitteltriassischen Cynodontia sind wohl schon zu spezialisiert für eine Ableitung der Mammalia, aber die primitive Familie der Galesauridae aus der unteren Trias Südafrikas scheint dafür relativ gut geeignet; insbesondere die sehr gut bekannte Form *Thrinaxodon liorhinus* wird heute vielfach als geeignete Ausgangsform angesehen. So kamen CROMPTON & JENKINS (1968) zum Ergebnis, daß *Thrinaxodon* "is the only cynodont that is at present known from which it is theoretically possible to derive early mammals such as *Eozostrodon*" (: 443); ähnlich äußerte sich HOPSON (1969): "Thrinaxodon is an ideal ancestor for the earliest mammals" (: 209). Ohne näher auf diese spezielle Frage einzugehen, sollen hier zunächst einige Befunde über den Kauapparat dieser interessanten Reptil-Form dargelegt werden; dabei ist etwas näher auf die Schädelkonstruktion einzugehen, soweit sie mit unserem Hauptthema zusammenhängt.

Wie aus Abb. 3 zu ersehen ist, besaß *Thrinaxodon* einen gestreckten und flachen, aber sehr kompakten Schädel. Die kräftigen Leisten am

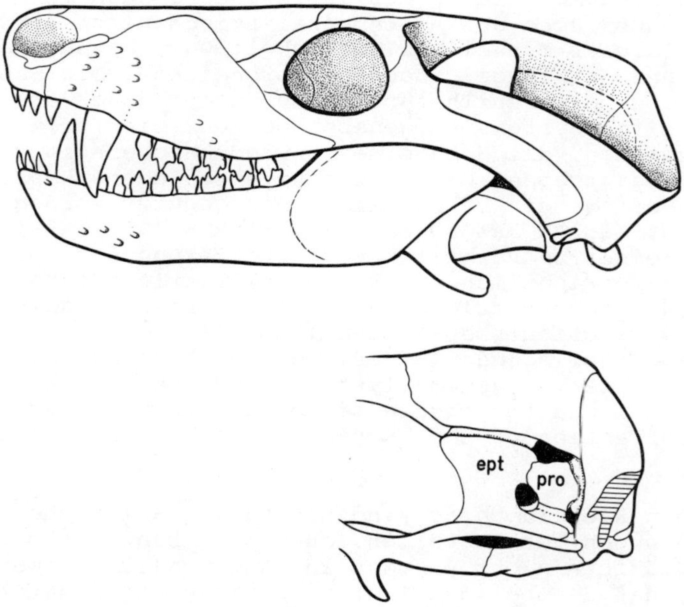

Abb. 3: Schädel von *Thrinaxodon liorhinus* (Galesauridae). Oben Gesamtansicht modifiziert nach PARRINGTON (1946), darunter Schädelseitenwand mit vergrößertem Epipterygoid (ept) und relativ kleinem Prooticum (pro); dazwischen Austrittsstelle des Trigeminus ($V_{2,3}$) sowie venöse Emissarien (nach HOPSON 1969). Die postcanine Dentition dieses Exemplars ist nicht voll bestückt.

kleinen Hirnschädel und die sehr ausladenden, breiten Jochbögen sprechen für die Existenz einer sehr stark entwickelten Kaumuskulatur; der vom Postorbitale mitgebildete Postorbitalbogen ist mit dem der Säuger nicht direkt vergleichbar. BARGHUSEN (1968) hat die Gliederung der Kaumuskulatur verschiedener Cynodontia zu rekonstruieren versucht, und er ging in diesem Zusammenhang auch ausführlich auf *Thrinaxodon* ein. Da am stark vergößerten Dentale des Unterkiefers bereits eine sehr ausgedehnte Fossa masseterica festzustellen ist, die mit einem sehr prominenten Processus coronoideus kombiniert ist, kommt dieser Autor unter anderem zu dem Schluß, daß *Thrinaxodon* "shows the development of a muscle mass with relationships approaching those of the mammalian masseter muscle" (: 29).

Diese Beziehung des entstehenden Masseter mit dem Dentale setzte sehr wahrscheinlich den 'Funktionsreiz' für die allmählich distade Ausdehnung dieses Deckknochens, der schließlich mit dem lateral expandierten Squamosum das sekundäre Kiefergelenk bildete, und damit erst die Eingliederung der primären Kieferglieder in den Schallübertragungsapparat ermöglichte. Während BARGHUSEN (1968) noch davon ausging, daß die halbringförmige ventrale Auskehlung des Angulare von einem umgeschlagenen Teil des Pterygoideus internus eingenommen wird, vermutete ALLIN (1975), daß zwischen Lamina reflexa und Processus retroarticularis bereits eine dem Trommelfell homologe Membran ausgespannt war. Mit Hilfe dieser Konzeption ließe sich ein lückenloser Übergang vom primären zum sekundären Kiefergelenk rekonstruieren und funktionell begründen.

Eine verstärkte Kaumuskulatur muß insbesondere auch den Hirnschädel als Ursprungsfläche des M. temporalis mechanisch stark beanspruchen; daß dieser Muskel wohlentwickelt war, bezeugen die hohen Knochenkämme und der lange Processus coronoideus. Die Schädelkinetik ist schon bei älteren Therapsida zugunsten eines druck- und verwindungssteifen Systems aufgegeben worden. Hierfür war es insbesondere notwendig, die Schädelseitenwand knöchern zu verschließen und so zu verstreben. Dafür stehen verschiedene konstruktive Möglichkeiten offen, die bekanntlich auch genutzt wurden (KUHN 1971, KERMACK & KIELAN-JAWOROSKA 1971, STARCK 1978). Bei *Thrinaxodon* kam es zu einer beträchtlichen Verbreiterung des Epipterygoids, wobei offensichtlich der Ramus maxillaris und der Ramus mandibularis des Nervus trigeminus zwischen Epipterygoid und dem Vorderrand des Prooticums austraten (Abb. 3). HOPSON (1969) vertrat daher die naheliegende Auffassung, daß "the braincase modifications probably served generally to strengthen the skull and to protect the brain and the middle ear cavity from pressures generated by the contraction of the increased mass of musculature" (: 207).

Am eigentlichen Kieferapparat sind ebenfalls zahlreiche konstruktive Verbesserungen festzustellen, auch wenn hier die Unterschiede zu den Vorläufern nicht so sehr ins Auge fallen; immerhin ist festzuhalten, daß die bei den Procynosuchidae angebahnte Ausbildung eines sekundären Gaumendachs bei *Thrinaxodon* abgeschlossen ist. Im übrigen zeigt jedoch die Schädelbasis noch sehr viele primitive, reptilienhafte Konstruktionsmerkmale, auf die hier nicht weiter eingegangen werden kann (PARRINGTON 1946, VON HUENE 1956, ESTES 1961).

Von besonderem Interesse für unsere Thematik sind naturgemäß die postcaninen Zahnreihen; diese bestehen jeweils aus maximal 10 mehrhöckerigen Zähnchen, die allerdings in ihrer Morphologie beträchtlich variieren. Die vordere Hälfte besitzt einen prämolariformen Habitus, während die distalen komplexer konstruiert sind; die Verhältnisse sind durch den mehrfach alternierenden Zahnwechsel, wie er für die Reptilien typisch ist, kompliziert, jedoch glaubten OSBORN & CROMPTON (1973) zeigen zu können, daß sich bei *Thrinaxodon* die Polyphyodontie tendenziell auf die Diphyodontie der Säuger hinentwickelte, da lediglich noch 3-5 Wechsel festzustellen sind. Möglicherweise genügte eine einfache Reduktion der Zahnersatzrate, um zu dem einzigartigen Zahnwechsel der Säugetiere zu gelangen. Obere und untere Molaren stehen zwar auf Lücke, sie kommen jedoch bei der Okklusion nicht in Kontakt (vgl. Abb. 5); sie weisen demnach keine Scherfacetten auf, sondern höchstens eine ausgeprägte Abrasion der Höckerspitzen (CROMPTON & JENKINS 1968). Die Kiefer besaßen hier noch keine transversale Bewegungskomponente, sondern einen einfachen Scharnierbiß, der zum Töten, Fixieren und Durchlöchern der Beute hinreichte. Das relativ komplizierte Höckerrelief der molariformen Zähne von *Thrinaxodon*, das so stark an das der ältesten Säuger erinnert (siehe unten), ist unter diesen Voraussetzungen nicht einfach zu interpretieren. Nach CROMPTON (1974) war ein Abscheren allein wegen des alternierenden Zahnwechsels noch nicht möglich oder gar wegen der wahrscheinlichen okklusalen Interferenzen gefährlich; die zahlreichen Höckerspitzen waren vielleicht zunächst primär beim Fixieren der Nahrung dienlich, und gewannen erst in einem graduierlichen Funktionswechsel teilweise Beziehung zum okklusalen Abscheren.

CROMPTON (1972) hat gezeigt, daß bei zahlreichen anderen progressiven Cynodontia, etwa den Cynognathidae und insbesondere den gomphodonten Gruppen (Diademodontidae, Trirachodontidae, Traversodontidae, Tritylodontidae) eine komplizierte Okklusion entstand, die zu verblüffenden Ähnlichkeiten mit dem Molarenrelief der Theria führte; hier erfolgte also auf dem niedrigen Evolutionsniveau der säugerähnlichen Reptilien eine konvergente Adaption des Kauapparates an pflanzliche Ernährungsweise.

Als älteste paläontologisch belegte Theria gelten heute einige Kieferreste aus der oberen Trias; man glaubt, bereits hier eine basale Aufspaltung in Triconodonta und Pantotheria vornehmen zu können. Soweit bekannt, besaßen diese Formen bereits ein sekundäres Squamosodental-Gelenk, wobei gelegentlich die primären Gelenkelemente medial an das Kieferköpfchen angelagert blieben. Die Zahnformeln sind noch sehr variabel, wie die folgende Aufstellung zeigt:

Kuehneotherium praecursoris:	–	–	–	–	(PANTOTHERIA)
	–	1	5/6	3/6	
Eozostrodon parvus:	5	1	2	4	(TRICONODONTA)
	5	1	3	4	
Morganucodon oehleri:	–	–	4	3	
	–	–	3	4	
Erythrotherium parringtoni:	–	–	–	–	
	–	1	(6-7)		
Megazostrodon rudnerae:	–	1	5	4	
	–	–	5	3	

Es gibt Hinweise darauf, daß wenigstens bei einigen Formen ein diphyodonter Zahnwechsel etabliert war; dieser Sachverhalt erlaubt insbesondere Rückschlüsse auf eine modifizierte Ernährungsweise der Jungtiere, also auf eine Art Brutpflege, wie sie für die Säugetiere charakteristisch und namengebend ist. Diesen Zusammenhang hat insbesondere HOPSON (1971) hervorgehoben, wenn er feststellt: "the origin of the mammalian mode of tooth replacement appears to be correlated with the origin of other features which are basic to the success of the mammals" (: 19-20).

Die molariformen Zähne dieser ältesten Theria haben einen recht ähnlichen Habitus, und sie erinnern in vielen Details an den Zahntypus von *Thrinaxodon*; diese Ähnlichkeiten werden derzeit häufig für stammesgeschichtliche Ableitungen der Theria von Galesauridae herangezogen, auch wenn Konvergenz nicht völlig auszuschließen ist. Oben wurde erwähnt, daß die Molaren von *Thrinaxodon* noch keine echte Okklusion aufweisen, während diese bei den primitiven Theria schon gut ausgeprägt ist; damit wird es methodisch schwierig, die Übergänge funktionsmorphologisch kontinuierlich zu begründen (Abb. 4).

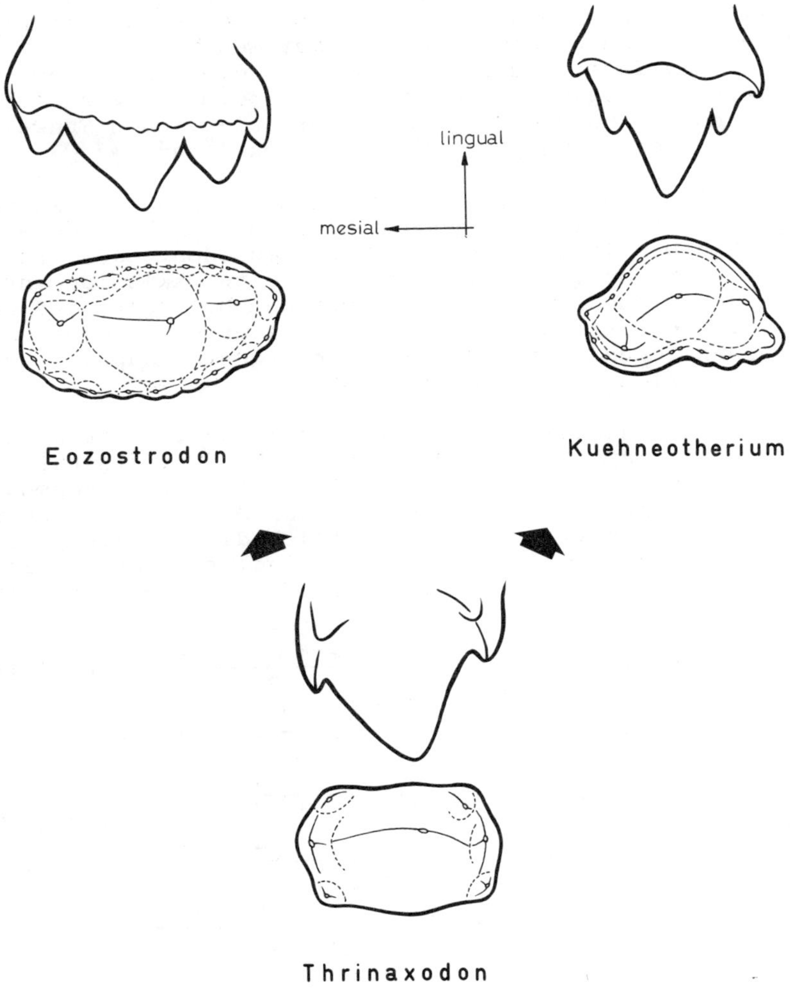

Abb. 4 A: Rechte obere Molaren aus der Entstehungsphase der Theria; von jeder der genannten Formen ist jeweils die okklusale und die linguale Ansicht (darüber) dargestellt. Alle Zähne sind annähernd auf die gleiche Größe gebracht und teilweise seitenverkehrt dargestellt (nach CROMPTON & JENKINS u.a.).

Ohne dieses systematische Problem eingehender zu erörtern, sei hier zunächst auf die Zahnmorphologie der basalen Theria näher eingegangen. Die relativ gut bekannten Triconodonta, die aus Afrika und Eurasien belegt sind (MILLS 1971), erinnern der Kronenmorphologie nach sehr stark an die kontemporären Pantotheria, repräsentiert durch *Kuehneotherium*, aber sie bleiben funktionsmorphologisch primitiver (CROMPTON & JENKINS 1968). Zwar scheren untere und obere Molaren intensiv gegeneinander unter Bildung sehr ausgeprägter Attritionsfacetten, jedoch "the important fact is that corresponding upper and lower teeth do not have accurately matching occluding surfaces as is the case in molars of primitive therians" (: 434). Die Haupthöcker sind ziemlich genau in mesio-

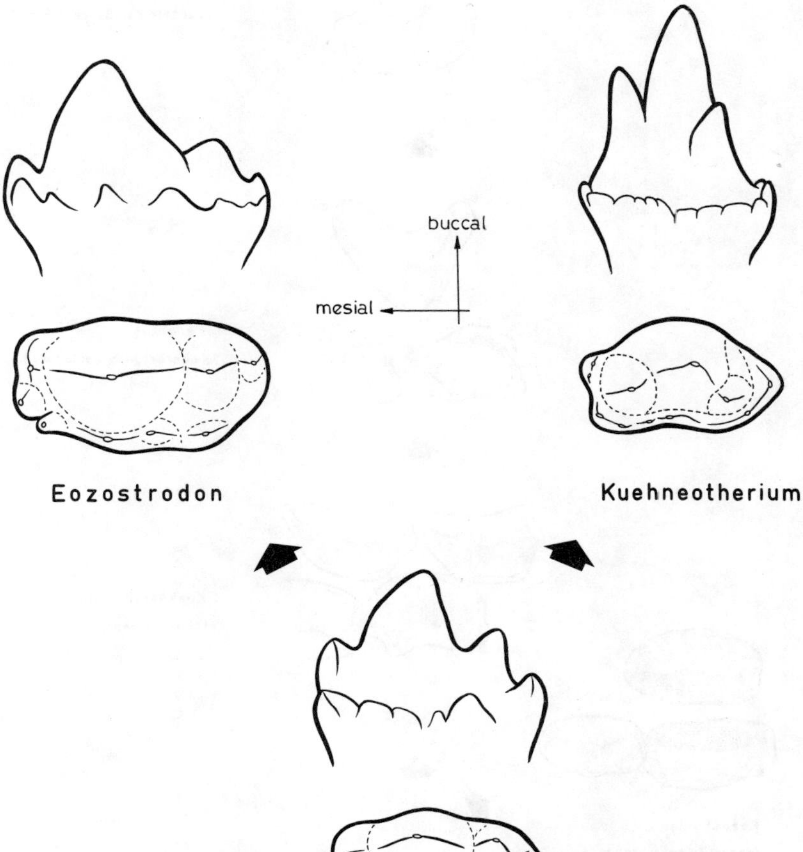

Abb. 4 B: Rechte untere Molaren aus der Entstehungsphase der Theria (gleiche Formen und Darstellung wie in Abb. 4 A).

distaler Richtung angeordnet, und die verbindenden Kantensysteme sind nicht nennenswert abgewinkelt; so besteht konstruktiv die Möglichkeit, daß intra- und interspezifisch eine beträchtliche Variabilität in der Anordnung der Facettenpaare zu beobachten ist. Das in Abb. 5 für *Eozostrodon* angegebene Muster stellt also nur eine unter zahlreichen anderen Gegebenheiten dar. Zwar ist abscherende Okklusion im Prinzip vorhanden, aber noch zu starken habituellen Einflüssen unterworfen. Die von den basalen Triconodonta ableitbaren Docodonta weisen dann allerdings hochkomplexe Okklu-

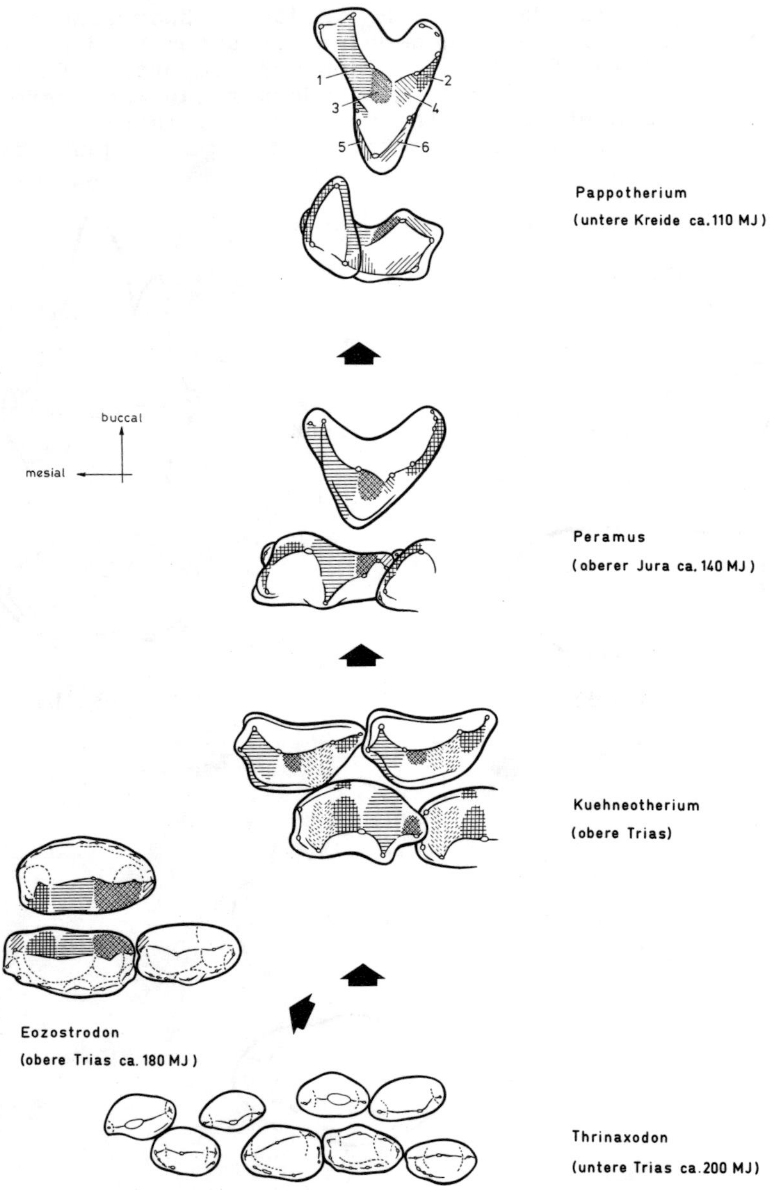

Abb. 5: Evolutive Entstehung des tribosphenischen Molarentypus der Säugetiere. Als Ausgangspunkt ist *Thrinaxodon* (Reptilia, Cynodontia) gewählt, dessen Zähne allerdings noch keine echte Okklusion besaßen. Durch Entwicklung eines diphyodonten bzw. monophyodonten Zahnwechsels war bei den ältesten bekannten Theria ein reguläres Abscheren der unteren gegen die oberen Antagonisten möglich geworden; dabei bildeten sich bestimmte Muster von Scherfacetten, die bei *Eozostrodon* und den anderen Triconodonta etwas aberrant waren, während *Kuehneotherium* als basaler Therier gelten kann. Zwischen oberer Trias und unterer Kreide bildete sich dann innerhalb der Pantotheria allmählich das kaumechanisch effiziente tribosphenische Facettenmuster heraus; *Peramus* repräsentiert eine oberjurassische Zwischenform, *Pappotherium* bildet die Endform dieser Entwicklungslinie - gleichzeitig aber den Ausgangspunkt für die evolutive Radiation der Eutheria (näheres im Text).

sionsverhältnisse auf, wie sie in ähnlicher Weise dann erst wieder bei tertiärzeitlichen Meta- und Eutheria angetroffen werden; ähnliches gilt auch für die Multituberculata, die möglicherweise ebenfalls von den Triconodonta abstammen (HOPSON 1969; HAHN 1978).

In der Tat ist die systematische Stellung der Triconodonta und ihrer denkbaren Abkömmlinge sehr umstritten. Dabei steht die Bildung einer sekundären Schädelseitenwand aus dem Petrosum im Mittelpunkt der Überlegungen; da die Monotremata einen ähnlichen Modus zeigen, werden sie häufig diesen Taxa zugeschlagen, die in einer Unterklasse Prototheria zu vereinigen wären (KERMACK 1967). MILLS (1971) wies auf eine Reihe von Unterschieden im Bereich der Dentition hin, die auf eine relativ frühe, unter- bis mitteltriassische Abspaltung der Prototheria von den Theria hindeuten, ohne daß dadurch notwendigerweise das Monophylie-Konzept in Frage gestellt wäre.

Kuehneotherium aus dem Rhaet von England ist zwar schon seit längerem bekannt (KÜHNE 1950), aber an Hand vermehrten Materials gewinnt dieses Taxon zunehmend an Bedeutung (KERMACK & al. 1968). Diese Form, die offenbar sympatrisch mit *Morganucodon* vorkam, war ursprünglich zu den Symmetrodonta gestellt worden, wird aber neuerdings allgemein als basaler Vertreter der Pantotheria angesehen. Die Morphologie der Molaren von *Kuehneotherium* ist aus Abb. 4 ersichtlich; sowohl obere als auch untere Molaren sind im Prinzip dreihöckerig, wobei der zentrale Höcker (Econus, Econid) mit Abstand überragt. Während die oberen Molaren ein umlaufendes Cingulum besitzen, ist es bei den unteren auf die linguale Zahnbasis beschränkt. Interessanterweise ist nun festzustellen, daß die drei Haupthöcker nicht mehr wie bei den Eozostrodontidae linear aufgereiht sind, sondern daß sie etwas gegeneinander versetzt sind; dadurch werden die verbindenden Kanten leicht abgewinkelt in der Weise, daß untere und obere Dreikante invers ineinander greifen (Abb. 5). Damit ist ein wichtiger konstruktiver Schritt zur Stabilisierung der Okklusion getan, denn durch diese Verzahnung sind die Scherkontakte exakt definiert; dementsprechend konnte CROMPTON (1971) bei *Kuehneotherium* ein sehr regelmäßiges Facettenmuster nachweisen. Der Vergleich mit späteren Evolutionsstadien zeigt, daß hier bereits die wichtigsten Scherfacetten-Systeme der Buccalkanten der Therier-Molaren vorliegen. Zwar besaß *Kuehneotherium* noch einen sehr primitiven Unterkiefer ohne ausgeprägten Angulus, aber es ist zumindest denkbar, daß die weitere evolutive Differenzierung des Kauapparates der Theria von dieser Form ausgegangen sein könnte. Allerdings homologisiert CROMPTON (1971) den distalen Nebenhöcker C aus funktionsmorphologischen Gründen nicht mit dem Metaconus, da dieser Höcker mit seinen Facetten distal des komplementären Paraconids okkludiert, während er beim tribosphenischen Molaren mesial davon liegt; in späteren Evolutionsstadien ist dann die Entstehung eines neuen Metaconus bei gleichzeitiger Persistenz des Höckers C zu beobachten (*Peramus*). Auch in diesem Punkt ist somit die COPE-OSBORN-Theorie zu modifizieren, dank einer konsequenten konstruktionsanalytischen Betrachtungsweise.

Eine weitere wichtige Zwischenform aus dem mittleren Jura Englands, *Amphitherium prevostii*, ist in Abb. 5 ausgelassen, da diese Form lediglich durch Unterkieferreste bekannt ist. Immerhin haben MILLS (1964) und CROMPTON (1971) auf Grund der Facettenbefunde an den unteren Molaren Rekonstruktionsversuche der oberen Antagonisten unternommen. Diese Form besitzt deutlich weiterentwickelte Konstruktionsmerkmale gegenüber *Kuehneotherium*. Das Trigonid ist gut differenziert, da Paraconid und Metaconid annähernd die Größe des Protoconids erreichen, und alle zusammen bereits ein weitgehend transversal orientiertes Scherkantensystem für die beiden Hauptfacetten 1 und 2 liefern. Das Protoconid weist sogar schon ein buccales Cingulum auf, das bei späteren Formen als Führschiene für den oberen Metaconus fungiert. Das Talonid ist als lange Schrägleiste entwickelt, die lediglich an ihrer Buccalflanke Usurfacetten (3 und 4) erkennen läßt; daraus ist zwingend zu folgern, daß die oberen Molaren einen Protoconus, der ja mit seinen Facettensystemen lingual der Talonidaußenkante eingreifen muß, noch nicht entwickelt haben konnten (vgl. McKENNA 1969). Die Zahnformel von *Amphitherium* lautet $\frac{-\ -\ -\ -}{4\ 1\ 4\ 7}$ und ist dann bei der oberjurassischen Form *Peramus tenuirostris* im Molarenbereich auf 4 reduziert. Im übrigen ist die systematische Position von *Amphitherium* in bezug auf die übrigen Pantotheria etwas umstritten; SIMPSON (1971) gliederte sie als eigene Familie Amphitheridae in diese Ordnung ein. Die interessante adaptive Radiation der Eupantotheria sowie die Linie der Symmetrodonta kann hier nicht näher diskutiert werden; es hat jedoch den Anschein, als hätten diese beiden Gruppen insbesondere von der 'Erfindung' des Trigonids mit seinen Transversalkanten sowie einem entsprechenden oberen Pseudotrigon (mit großem Styloconus) einseitig Gebrauch gemacht. Vermutlich stellte dies eine erste Anpassung an Insectivorie dar, während das Talonid mit seinen potentiellen Quetscheinrichtungen, die einer Herbivorie dienen konnten, frühzeitig reduziert wurde.

Die Molaren von *Peramus tenuirostris* stellen gewissermaßen ideale konstruktive Zwischenglieder vom prätribosphenischen zum tribosphenischen Evolutionsniveau dar. Untere und obere Molaren dieser Form wurden von MILLS (1964) und CLEMENS & MILLS (1970) detailliert beschrieben und auch hinsichtlich ihrer Funktionsstrukturen interpretiert. MILLS (1964) beobachtete am Prähypocristid eine annähernd horizontal orientierte Facette, die sich lingual an die Facette 3 anschloß; da damals die oberen Molaren dieses Taxons noch unbekannt waren, sagte dieser Autor folgendes voraus: "it seems reasonable to assume that in *Peramus* a wide lingual cingulum exists in this area, possibly to provide a stop, to prevent overclosure of the mandible. Such a cingulum is essentially a protocone" (: 122). Ein derartiges Cingulum war bei den späteren Funden tatsächlich vorhanden, auch wenn ihm CROMPTON (1971) offenbar noch keine Scherwirkung zuordnete; vom konstruktionsmorphologischen Standpunkt aus muß ein derartiges Innencingulum als potentieller Höcker begriffen werden, wie sich dies vielfach in analogen Situationen bei der Molarisierung der Prämolaren rezenter Primaten demonstrieren läßt (MAIER, in Vorbereitung). In dem Augenblick, in dem der buccale Rand dieses Cingulums über das Prähypocristid herübergreift, muß der Selektionsvorteil des neuen Scherkontakts relativ rasch zur Erhöhung des Cingulums und, damit verknüpft, zur Differenzierung des Talonid-Beckens führen.

Dieser Zustand war sehr wahrscheinlich bei der nur wenig jüngeren Fossilform *Aegialodon dawsoni* aus der untersten Kreide erreicht (KERMACK & al. 1965). Hiervon ist zwar lediglich ein stark abgekauter unterer Molar bekannt, aber dieser zeigt eine ausgeprägte Facettierung an der Lingualfläche des Prähypocristids, gleicht im übrigen jedoch *Peramus* sehr. CROMPTON (1971 Fig. 4) postulierte daher mit guten Gründen einen Protoconus für die noch unbekannten oberen Molaren.

Pappotherium pattersoni aus dem Albian Nordamerikas ist die älteste bekannte Säugerform, die einen weitgehend kompletten tribosphenischen Molarenbau aufweist (PATTERSON 1956, SLAUGHTER 1965). Sämtliche Facettenelemente, die eingangs bei *Didelphodus* dargestellt waren, finden sich hier bereits in ganz ähnlicher Anordnung (vgl. Abb. 2, 5). Der Protoconus trägt die beiden Facetten 5 und 6, die mit dem Inneren des antagonistischen Talonidbeckens artikulieren. Bei beiden Formen ist der äußere Stylarschelf sehr breit entwickelt, da die Facetten 1 und 2 weit nach buccal ausgreifen. Zwar sind die Zwischenhöcker Paraconulus und Metaconulus bei *Pappotherium* schon angelegt, aber ihr Doppelkantensystem ist noch nicht in der Weise differenziert, wie das bei zahlreichen späteren Formen der Fall ist. Ob bei diesen frühen Formen bereits ein Facettenpaar 9 der Phase II entwickelt ist, müßte noch eingehender geprüft werden.

Etwa gleichzeitig mit *Pappotherium* existieren Formen wie *Endotherium* und *Holoclemensia*, die schon etwas abweichende Anpassungstrends erkennen lassen. Insbesondere CLEMENS (1968, 1971) hat sich wiederholt dafür ausgesprochen, in *Holoclemensia* einen frühen Vertreter der Metatheria zu sehen. Etwa ab der Mittelkreide ist weltweit eine rapide Entfaltung der Theria festzustellen, die hier nicht nachzuzeichnen ist (vgl. hierzu McKENNA 1969, CLEMENS 1971, FOX 1970, 1971). Es liegt jedoch nahe, einen kausalen Zusammenhang zwischen der konstruktiven Vollendung des tribosphenischen Molarentypus und dem evolutiven Erfolg der Theria zu vermuten. Etwa gleichzeitig mit den Theria expandierten die Angiospermen (DOYLE 1977) und die Insekten; hier scheint ein exemplarischer Fall von Koevolution vorzuliegen, wobei sich insbesondere für die hier primär interessierenden Säugetiere neue und reichliche Nahrungsresourcen erschlossen. Die oben erwähnte Typisierung der tribosphenischen Molaren durch SIMPSON (1936) hatte schon auf diesen funktionellen Zusammenhang abgehoben, denn die Kombination scherender und mahlender Bauteile im Gebißapparat war für die mechanische Erschließung sowohl tierischer als auch pflanzlicher Nahrung optimal geeignet; omnivore Ernährungsweise muß demnach für die Theria insgesamt primitiv gewesen sein. Die weitere evolutive Differenzierung der Säuger, soweit sie vom Gebiß her zu interpretieren ist, scheint dann in Richtung einer unterschiedlichen quantitativen Beteiligung der Nahrungskomponenten verlaufen zu sein. Von besonderer Bedeutung war jedoch die immer extensivere Erschließung pflanzlicher Nahrungsquellen, so daß die ganz überwiegende Anzahl der bekannten Säugertaxa als herbivor im weitesten Sinne zu bezeichnen ist.

Besonders gut belegt ist dieser Adaptationsprozeß in der Ordnung der Primaten, auch wenn er hier keineswegs zu so extremen Ergebnissen führte, wie etwa bei den Huftieren oder Nagetieren (Abb. 6). Alle frühtertiären Primaten scheinen mehr oder weniger omnivor gewesen zu sein; die Mehrzahl der rezenten Prosimiae repräsentiert noch dieses ernährungsbiologische Anpassungsniveau, desgleichen die primitiveren Platyrrhini Südamerikas. Die höchstentwickelten Primatengruppen (Indriidae, Cebidae, Cercopithecoidea und Hominoidea) sind alle nahezu ausschließlich herbivor. Im Hinblick auf die Zahnmorphologie manifestiert sich diese Tendenz in einer zunehmenden Verflachung der Scherflächen und in einer Differenzierung immer weiterer Facettenpaare; besaß der primitive tribosphenische Molarentypus von *Didelphodus* insgesamt 6 oder 7 derartige Konstruktionselemente, so finden sich beim vierhöckerigen, bilophodonten Molaren der höheren Primaten 12 Facettenpaare. Eine eingehendere Besprechung der Molarenkonstruktion der Prima-

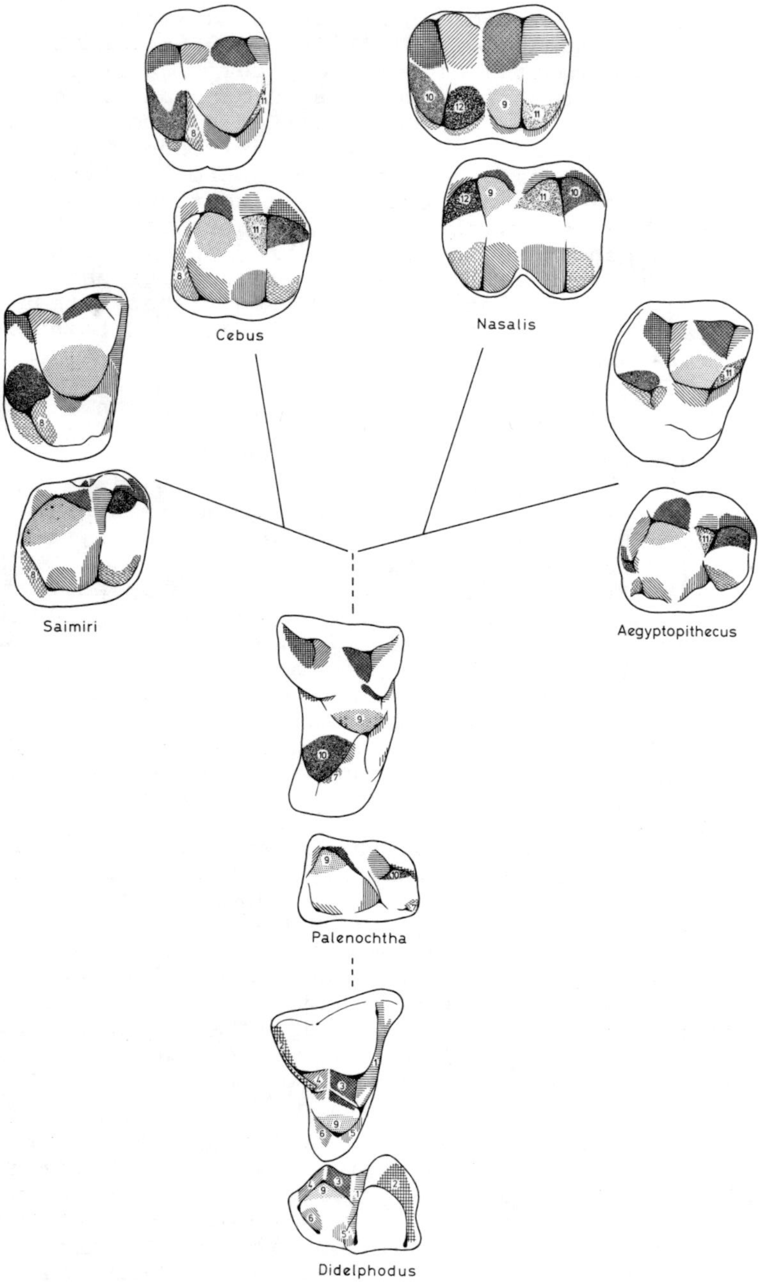

Abb. 6: Funktionsmorphologische Differenzierung des Molarenreliefs bei den Primaten. Ausgehend vom tribosphenischen Bautypus bei *Didelphodus*, zeigen sich beim paläozänen Paromomyiden *Palenochtha* zahlreiche konstruktive Weiterentwicklungen (andere Facettenproportionen, Entstehung eines Hypoconus mit korrelierter Erschließung des Trigonid); die adaptive Radiation der Prosimiae ist nicht weiter berücksichtigt. *Saimiri* und *Cebus* repräsentieren die südamerikanischen Platyrrhini, *Aegyptopithecus* (Oligozän) und *Nasalis* die altweltlichen Catarrhini; die bilophodonten Molaren der Cercopithecoidea weisen ein Maximum von 12 Facettenpaaren auf gegenüber 7 bei *Didelphodus* (nach MAIER 1977b).

ten findet sich bei KAY (1973, 1977), KAY & HIIEMAE (1974) und MAIER (1977a, b, in Vorbereitung). Die funktionsmorphologische Analyse der Dentitionen anderer Säugergruppen steht erst am Anfang (BUTLER 1952, MILLS 1966).

D. Zusammenfassung

Eine genaue Kenntnis der Zahnmorphologie ist für die Phylogenetik der Säugetiere schon deshalb von großem Interesse, weil die weit überwiegende Menge des Fossilmaterials aus Zahn- und Kieferresten besteht. Da die Form und Konstruktion des Zahnreliefs jedoch mit der artspezifischen Ernährungsweise korreliert sein muß, erlaubt deren Verständnis gleichzeitig einen Einblick in den wichtigen Funktionskreis der gesamten Ernährungsbiologie. Voraussetzung dafür ist aber eine konsequente Beachtung der Kaumechanik und der dafür relevanten Zahnstrukturen; als Bau- und Funktionselemente des Molarenreliefs sind hier komplementäre Kanten- und Facettenpaare aufgefaßt, wobei sich eine neuartige konstruktionsmorphologische Interpretation der reinen Formverhältnisse ergibt. Diese antagonistischen Facettenpaare zeigen beim basalen tribosphenischen Molarentypus der Säugetiere eine wohldefinierte Anordnung; die Mischung scherender und quetschender Funktionsstrukturen dürfte auf eine insectivor-omnivore Nahrungsanpassung der ancestralen Theria hinweisen.

Bei den in Frage kommenden Vorläufern der Säugetiere unter den triassischen Cynodontia war eine echte Okklusion noch nicht entwickelt; ein alternierender, polyphyodonter Zahnwechsel erlaubte noch keine exakte Artikulation unterer und oberer Zahnreihen. Bei den diphyodonten Theria der oberen Trias war die scherende Okklusion bereits sehr stark ausgeprägt und führte zur Bildung von Usurfacetten. Die adaptive Ausdifferenzierung der hier angelegten Kanten- und Facettensysteme bestimmte die evolutive Weiterentwicklung des Kauapparates. Zunächst stand im Vordergrund die Ausbildung langer, transversal orientierter Scherblätter, die ein sehr effizientes Zerschneiden tierischer Beute ermöglichten. Am Beginn der Kreide erscheinen dann Formen, die Okklusionsbeziehungen zwischen einem neu entstandenen Innenhöcker (Protoconus) und dem Talonidbecken belegen; damit war eine Art Pistill-Mörsereinrichtung geschaffen, die insbesondere zum Zerreiben pflanzlicher Gewebe geeignet war. Dadurch eröffnete sich den Theria eine neue, unerschöpfliche Nahrungsquelle, zumal die Angiospermen sich etwa zur gleichen Zeit entfalteten; unabhängig davon hatten schon die gomphodonten Therapsida sowie die Docodonta und Multituberculata unter den Prototheria ihren Kauapparat erfolgreich an herbivore Ernährung angepaßt. Die kreidezeitlichen Theria vermochten ihren evolutiven Siegeszug nicht nur deshalb anzutreten, weil sie mittels eines hoch effizienten Kauapparates ihren hochaktiven Stoffwechsel versorgen konnten - obwohl dies sicherlich ein zentraler Faktor war; gleichzeitig hatten sie auch mit Fell und subkutanem Fettgewebe Einrichtungen entwickelt, um zu hohe Energieverluste zu vermeiden. Daneben verfügten sie über leistungsfähige Sinnesorgane (insbesondere Geruch, Gehör und Taktilität), die mit einem entsprechend ausdifferenzierten Zentralnervensystem gekoppelt waren. Während des Mesozoikums hatten sie vermutlich 'im Schatten' der dominierenden Archosauria in extremen Biotopen (Nachtaktivität, montane Regionen) ein hochentwickeltes Organisationsniveau erreicht, so daß sie während der klimatischen Verschlechterungen der oberen Kreide eine überlegene biologische Wettbewerbsfähigkeit erworben hatten. Eine der ältesten Entwicklungslinien der Eutheria stellen die Primaten dar, die sich möglicherweise bis in die Oberkreide zurückverfolgen lassen (VAN VALEN & SLOAN 1965), und die im unteren Tertiär eine außerordentliche Entfaltungsphase durchliefen (SIMONS 1972, SZALAY 1976). Nach einem ursächlich noch nicht geklärten 'Einbruch' im obersten Eozän, erschienen dann im Oligozän und Miozän die heute existierenden Gruppen, aus denen sich schließlich während des Plio-Pleistozäns der Mensch herausdifferenzierte. Der ernährungsbiologische Aspekt dieses knapp 200 Millionen Jahre währenden Evolutionsprozesses vom ersten Säugetier bis zum Menschen läßt sich anhand der Konstruktionsmorphologie der Molaren recht genau belegen und verstehen.

E. Literatur

ALLIN, E.F. (1975): Evolution of the mammalian middle ear. — J. Morph., *147*: 403-438.

BARGHUSEN, H.R. (1968): The lower jaw of cynodonts (Reptilia, Therapsida) and the evolutionary origin of mammal-like adductor jaw musculature. — Postilla, *116*: 1-49.

BOCK, W.J. & WAHLERT, G. VON (1965): Adaptation and the form-function complex. — Evolution *19*, 269-299.

BUTLER, P.M. (1952): The milk-molars of Perissodactyla, with remarks on molar occlusion. — Proc. zool. Soc. London, *121*: 777-817.

CLEMENS, W.A. (1968): Origin and early evolution of Marsupials. — Evolution, *22*: 1-18.

-- (1971): Mammalian evolution in the Cretaceous. — In: Early Mammals; KERMACK, D.M. & KERMACK, K.A. (ed.), Suppl. zool. J. linnean Soc. London, *50*: 165-180.

CLEMENS, W.A. & MILLS, J.R.E. (1971): Review of *Peramus tenuirostris* OWEN (Eupanthotheria, Mammalia). — Bull. brit. Mus. natur Hist. (Geol.), *20*(3): 89-113.

CROMPTON, A.W. (1971): The origin of the tribosphenic molar. — In: Early Mammals; KERMACK, D.M. & KERMACK, K.A. (ed.), Suppl. zool. J. linnean Soc. London, *50*: 65-87.

-- (1972): Postcanine occlusion in Cynodonts and Tritylodontids. — Bull. brit. Mus. natur. Hist. (Geol.), *21*(2): 29-71.

-- (1974): The dentitions and relationships of the southern African Triassic mammals, *Erythrotherium parringtoni* and *Megazostrodon rudnerae*. — Bull. brit. Mus. natur. Hist. (Geol.), *24*(7): 399-437.

CROMPTON, A.W. & JENKINS, F.A. (1968): Molar occlusion in late Triassic mammals. — Biol. Rev., *43*: 427-458.

CUVIER, G. (1810): Vorlesungen über vergleichende Anatomie. Bd. III (Verdauungsorgane). Leipzig.

DOYLE, J.A. (1977): Patterns of evolution in early Angiosperms. In: Patterns of Evolution; HALLAM, A. (ed.), Developments Palaeontol. Stratigr., 5: 501-546. Amsterdam.

ESTES, R. (1961): Cranial anatomy of the cynodont reptile *Thrinaxodon liorhinus*. — Bull. Mus. comp. Zool. Harvard Univ., *125*: 165-180.

FOX, R.C. (1970: Eutherian mammal from the early Campanian (Late Cretaceous) of Alberta, Canada. — Nature *227*: 630-631.
-- (1971): Marsupial mammals from the early Campanian Milk River Formation, Alberta, Canada. — In: Early Mammals; KERMACK, D.M. & KERMACK, K.A. (ed.), Suppl. zool. J. linnean Soc. London, *50*: 145-164.
GEGENBAUR, C. (1898): Vergleichende Anatomie der Wirbelthiere. Bd. I, Leipzig.
GREGORY, W.K. (1920): On the structure and relations of *Notharctus*, an American Eocene Primate. — Mem. amer. Mus. natur. Hist., N.S. *3*(2): 51-243.
-- (1922): The origin and evolution of the human dentition. Baltimore.
HIIEMAE, K. & CROMPTON, A.W. (1971): A cinefluorographic study of feeding in the American opossum, *Didelphis marsupialis*. — In: Dental Morphology and Evolution; DAHLBERG, A.A. (ed.), : 299-334, Chicago.
HOPSON, J.A. (1969): The origin and adaptive radiation of mammal-like reptiles and nontherian mammals. — Ann. New York Acad. Sci., *167*: 199-216.
-- (1971): Postcanine replacement in the gomphodont cynodont *Diademodon*. — In: Early Mammals; KERMACK, D.M. & KERMACK, K.A. (ed.), Suppl. zool. J. linnean Soc. London, *50*: 1-21.
HOPSON, J.A. & CROMPTON, A.W. (1969): Origin of mammals. — In: Evolutionary Biology; DOBZHANSKY, HECHT & STEERE (ed.), *3*: 15-72.
HUENE, F. VON (1956): Paläontologie und Phylogenie der Niederen Tetrapoden. Jena.
KAY, R.F. (1973): Mastication, molar tooth structure and diet in Primates. — Ph. D. Thesis, Yale Univ., University Microfilms, Ann Arbor,: 1-376.
-- (1977): The evolution of molar occlusion in the Cercopithecidae and Early Catarrhines. — Amer. J. phys. Anthrop., *46*: 327-352.
KAY, R.F. & HIIEMAE, K. (1974): Jaw movement and tooth use in recent and fossil primates. — Amer. J. phys. Anthrop., *40*: 227-256.
KERMACK, K.A. (1967): The interrelations of early mammals. — J. linn. Soc. (Zool.), *47*: 241-249.
KERMACK, K.A. & LEES, P.M. & MUSSETT, F. (1965): *Aegialodon dawsoni*, a new trituberculosectorial tooth from the Lower Wealden. — Proc. roy. Soc. London, (B) *162*: 535-554.
KERMACK, D.M. & KERMACK, K.A. & MUSSETT, F. (1968): The Welsh pantothere *Kuehneotherium praecursoris*. — J. linn. Soc. (Zool.), *47*: 407-423.
KERMACK, K.A. & KIELAN-JAWOROWSKA, Z. (1971): Therian and nontherian mammals. — In: Early Mammals; KERMACK, D.M. & KERMACK, K.A. (ed.), Suppl. zool. J. linnean Soc. London, *50*: 103-115.
KÜHNE, W.G. (1950): A symmetrodont tooth from the Rhaeto-Lias. — Nature, *166*: 696-697.
KUHN, H.J. (1971): Die Entwicklung und Morphologie des Schädels von *Tachyglossus aculeatus*. — Abh. senckenb. naturforsch. Ges., *528*: 1-192. Frankfurt.
MAIER, W. (1977a): Die Evolution der bilophodonten Molaren der Cercopithecoidea. — Z. Morph. Anthrop., *68*: 26-56.
-- (1977b): Die bilophodonten Molaren der Indriidae (Primates) - ein evolutionsmorphologischer Modellfall. — Z. Morph. Anthrop., *68*: 307-344.
-- (in Vorbereitung): Funktionsmorphologie der postcaninen Zähne der Primaten.
MCKENNA, M.G. (1969): The origin and early differentiation of therian mammals. — Ann. New York Acad. Sci., *167*: 217-240.
MILLS, J.R.E. (1964): The dentitions of *Peramus* and *Amphitherium*. — Proc. linn. Soc. London, *175*: 117-133.
-- (1966): The functional occlusion of the teeth of Insectivora. — J. linn. Soc. (Zool.), *47*: 1-25.
-- (1971): The dentition of *Morganucodon*. — In: Early Mammals; KERMACK, D.M. & KERMACK, K.A. (ed.), Suppl. zool. J. linnean. Soc. London, *50*: 29-63.
OSBORN, H.F. (1907): Evolution of mammalian molar teeth. — New York.
OSBORN, J.W. & CROMPTON, A.W. (1973): The evolution of mammalian from reptilian dentitions. — Breviora, *399*: 1-18.
OSCHE, G. (1966): Grundzüge der allgemeinen Phylogenetik. — In: Handb. Biologie, *3*(2): 817-906.

PARRINGTON, F.R. (1946): On the cranial anatomy of Cynodonts. – Proc. zool. Soc. London, *116*: 181-197.
PATTERSON, B. (1956): Early cretaceous mammals and the evolution of mammalian molar teeth. – Fieldiana, *13*: 1-105.
RAMFJORD, S.P. & ASH, M.M. (1971): Occlusion. Philadelphia.
REMANE, A. (1960): Zähne und Gebiß. – In: Primatologia *3*(2); HOFER, SCHULTZ & STARCK (ed.), : 637-846, Basel.
REUMUTH, E. (1956): Experimentelle Untersuchungen über den Kauvorgang bei Gebissen mit normaler und abwegiger Okklusion. – Dtsch. Zahn-, Mund- und Kieferheilk., *24*: 375-404.
SHEINE, W.S. & KAY, R.F. (1977): An analysis of chewed food particle size and its relationship to molar structure in the Primates *Cheirogaleus* and *Galago senegalensis* and the Insectivoran *Tupaia glis*. – Amer. J. phys. Anthrop., *47*: 15-20.
SIMONS, E.L. (1972): Primate Evolution. New York.
SIMPSON, G.G. (1936): Studies of the earliest mammalian dentitions. – Dental Cosmos, *78*: 791-800.
-- (1961): Evolution of Mesozoic Mammals. – Kon. Vlaamse Akad. Wetensch. Belgie (Int. Colloquium on the evolution of lower and non specialized mammals; VANDEBROECK, G. (ed.)), : 57-95.
-- (1971): Concluding remarks: Mesozoic mammals revisited. – In: Early Mammals; KERMACK, D.M. & KERMACK, K.A. (ed.), Suppl. zool. J. linnean Soc. London, *50*: 181-198.
SLAUGHTER, B.H. (1965): A therian from the lower Cretaceous (Albian) of Texas. – Postilla *93*: 1-18.
STARCK, D. & FRICK, H. (1963): Vom Reptil- zum Säugerschädel. – Z. Säugetierk., *28*: 321-341.
SZALAY, F.S. (1976): Systematics of the Omomyidae (Tarsiiformes, Primates) - Taxonomy, Phylogeny, und Adaptations. – Bull. amer. Mus. natur. Hist., *156*(3): 157-450.
VAN VALEN, L. & SLOAN, R.E. (1956): The earliest Primates. – Science, *150*: 743-744.
WILD, W. (1950): Funktionelle Prothetik. Basel.

Anschrift des Verfassers: Prof. Dr. Wolfgang MAIER, Zentrum der Morphologie (Dr. Senckenbergische Anatomie), Theodor-Stern-Kai 7, D-6000 Frankfurt a.M. 70.

Sonderbd. naturwiss. Ver. Hamburg	3	61–95	Hamburg 1978

Die Multituberculata, eine fossile Säugetier-Ordnung *)

Von
GERHARD HAHN, Marburg

Mit 16 Abbildungen und 1 Tabelle

Inhalt

Abstract: In the following article, a review of the Multituberculata, an extinct group of mammals, is given. The skull structure, dentition and, as far as known, postcranial skeleton are briefly described and compared with that of other mammals. Their behaviour, as deciphered from osteological and dental features, is discussed as well as their position among the class Mammalia. Finally, a systematic arrangement of the known multituberculate families is given.

A. Einleitung

Die Geschichte der Säugetiere läßt sich über fast 200 Millionen Jahre bis in die Ober-Trias hinab verfolgen. Eine jüngere Radiation in der Ober-Kreide führte zu den heute vorherrschenden Marsu-

---

*) Vortrag gehalten auf dem 22. Phylogenetischen Symposion in Karlsruhe, 25. - 27. November 1977.

pialiern und Placentaliern. Eine ältere Radiation schon in der Ober-Trias brachte die Pantotheria, Symmetrodonta, Triconodonta, Docodonta und Multituberculata hervor; die einzige bis heute überlebende Gruppe dieser älteren Entfaltungsphase sind wahrscheinlich die Monotremata.

Alle Angehörigen dieser älteren Radiation waren relativ kleine Tiere, von denen die meisten die Größe einer Maus oder Ratte nicht oder nur unwesentlich überschritten. Als Zeitgenossen der "Dinosaurier" standen ihnen offenbar nur solche ökologischen Nischen offen, die von Kleinsäugetieren besetzt werden konnten. Unter ihnen gab es insektivore, omnivore, carnivore und herbivore Formen. Die einzige Gruppe, die eine herbivore Lebensweise erreichte, waren die Multituberculaten. Unter allen genannten Ordnungen mesozoischer Säugetiere waren sie die formenreichste, individuenreichste und langlebigste Gruppe. Ihre Lebensdauer erstreckte sich von der Ober-Trias (Rät) bis in das Alt-Tertiär (Ober-Eozän) über rund 130 Millionen Jahre; sie sind damit die langlebigste überhaupt bekannte Säugetier-Ordnung. In einer Reihe von Fundpunkten stellen sie mehr als 50 % der anfallenden Säugetier-Fossilien.

Die ältesten, wahrscheinlich zu den Multituberculaten gehörenden Säugerreste sind die Haramiyiden aus dem Rät Mittel- und W-Europas. Sie sind bisher nur durch isolierte Zähne bekannt geworden, so daß ihre Zuordnung noch nicht völlig gesichert ist. Im Unter-Jura und Mittel-Jura (Lias und Dogger) konnten bisher keine Multituberculaten aufgefunden werden. Erst im Ober-Jura (Malm) setzt die Überlieferung wieder ein. Aus dem mittleren Malm (Kimmeridge) Portugals stammt eine reichhaltige, rund ein Dutzend Schädelreste und weit über 50 Unterkiefer umfassende Aufsammlung, die zur Errichtung der Familie der Paulchoffatiidae geführt hat. Es sind dies die ältesten im Bau des Schädels und des Gebisses näher bekannten Multituberculaten. Für den oberen Malm sind die Plagiaulacidae kennzeichnend, die sowohl in England als auch den USA gefunden wurden. Es handelt sich lediglich um Mandibeln und Oberkiefer-Bruchstücke.

In der Unter-Kreide ist die Überlieferung dürftig und bisher auf isolierte Zähne beschränkt. Erst in der Ober-Kreide setzt eine reiche Funddichte ein, die sich in das Alt-Tertiär (Paläozän) fortsetzt. Offenbar im Zusammenhang mit dem Aufblühen der Angiospermen erleben auch die Multituberculaten eine bemerkenswerte Weiterentwicklung und Aufspaltung in zahlreiche Evolutions-Linien, die vor allem die Differenzierung des Gebisses betrifft. Mit den annähernd Murmeltier-großen Taeniolabididae (die Gattung *Taeniolabis*) entstehen neben vielen kleinen Gattungen die "Riesenformen" der Gruppe. Die meisten Reste aus diesem Zeitraum hat N-Amerika mit einer Vielzahl von Fundstellen geliefert. In jüngster Zeit ist durch die Untersuchungen von KIELAN-JAWOROWSKA die Gobi von besonderem Interesse geworden, konnten hier doch die bislang am besten erhaltenen Schädel aufgefunden werden, die eine genaue Analyse ihres Baues gestatteten. Aus Europa ist für diesen Zeitraum nur wenig Multituberculaten-Material bekannt geworden, das lediglich für die Kenntnis der Bezahnungen von Interesse ist. Im Unter-Eozän sodann setzt ein allgemeiner rapider Rückgang der gesamten Gruppe ein, und im Ober-Eozän N-Amerikas treten uns ihre letzten Vertreter entgegen.

Die Kenntnis vom Bau der Multituberculaten stammt also im wesentlichen von den ober-cretazischen und alt-tertiären Funden N-Amerikas und der Gobi. Sie kann nunmehr jedoch durch die wesentlich älteren Reste aus dem Malm Portugals bereichert werden. Dadurch wird erkennbar, daß einzelne Organsysteme sich im Verlauf der rund 90 Millionen Jahre vom Kimmeridge bis zum Alt-Tertiär wesentlich verändert haben, andere aber an diesen Umwandlungen kaum Anteil hatten. Es gelingt dadurch, die für die Ordnung insgesamt typischen, während der gesamten Lebenszeit stabil bleibenden Merkmals-Komplexe besser zu erfassen und sie deutlicher als bisher gegen die der ökologischen Beeinflussung unterliegenden Organsysteme abzugrenzen.

B. Schädelbau

Der Schädel der Multituberculaten ist, verglichen mit dem anderer primitiver Säuger, breit und niedrig. Der Umriß des Gehirns ist aus einem Schädel-Ausguß von *Ptilodus montanus* DOUGLASS, 1908, aus dem Paläozän bekannt (Abb. 1). Die Schädelreste von Paulchoffatiiden aus dem Kimmeridge Portugals lassen bereits einen prinzipiell ähnlichen Hirnumriß erkennen und zeigen an, daß während der verfolgbaren Evolution keine wesentlichen Veränderungen eingetreten sind. In einigen Merkmalen weicht der Hirnbau der Multituberculaten von dem aller übrigen Mammalier ab und betont die Eigenständigkeit der Ordnung. Als wichtige solche Merkmale sind zu nennen:

1. Die Ausbildung der Bulbi olfactorii (*bo*): Sie erreichen fast 1/3 der gesamten Hirnlänge und somit eine relative Größe, die bei keiner anderen Säugetier-Ordnung wieder erreicht wird. Gegen den dahinter folgenden Hirnbereich sind sie durch seitliche Einschnürungen und eine Quer-Inzisur deutlich geschieden, die in der Schädelkapsel als vorspringender Grat in Erscheinung tritt (HAHN 1977a Taf. 3 Fig. 5). Bei einem wahrscheinlich zu *Paulchoffatia delgadoi* KÜHNE, 1961, gehörenden Schädelrest sind die Bulbi olfactorii deutlich auf der Schädeloberseite an der schmalsten Stelle des Cranium markiert (Abb. 7a).

2. Die Hemisphären des Cerebrum (= Telencephalon, *ce* in Abb. 1) sind weit nach hinten ausgedehnt und dort auseinandergespreizt. Sie sind, wie stets bei primitiven Säugern, ungefurcht.

3. Das Cerebellum (*cb* in Abb. 1) ist sehr kurz und breit, dreieckig im Umriß; es scheint teilweise vom Cerebrum überdeckt zu sein. Ob und in welchem Umfang Anteile des Diencephalon und Mesencephalon im Zwickel zwischen den auseinanderweichenden Hemisphären des Cerebrum auf der Dorsal-Seite des Gehirns zutage treten, kann nach dem vorliegenden Ausguß nicht entschieden werden.

4. Der Hypothalamus nimmt einen relativ großen Bereich auf der Ventral-Seite des Gehirns ein, auch ist eine große Hypophysen-Grube vorhanden. Das geht hervor aus einem jüngst aufgefundenen, noch unpublizierten Schädelrest eines Paulchoffatiiden.

Insgesamt wirkt das Gehirn der Multituberculaten durch seine Breite und die Größe des Cerebrum durchaus fortschrittlich und nicht mehr reptilisch. Zur Zeit des Ober-Jura war es offenbar bereits weiter zum Säugerhaften hin entwickelt als das der gleichaltrigen Triconodonta (THENIUS 1969 Abb. 38c-d). Es zeigt jedoch durch die erwähnten Besonderheiten, daß sich die Multituberculaten früh von der zu den Eutheria führenden Haupt-Evolutionslinie der Mammalia getrennt und ihre Spezialisierungen unabhängig von diesen erworben haben.

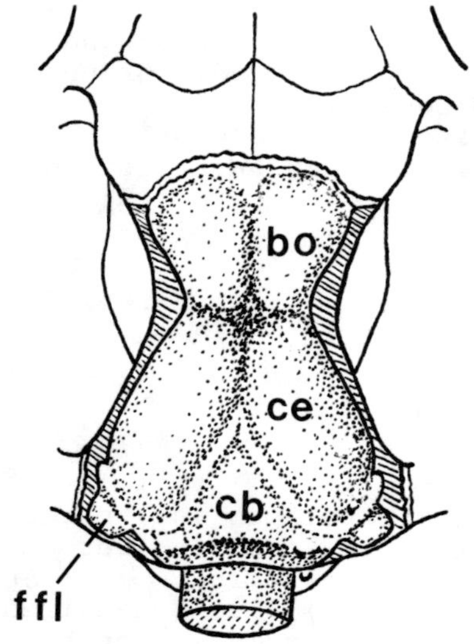

Abb. 1: Gehirn-Umriß von *Ptilodus montanus* DOUGLASS, 1908, in Dorsal-Ansicht; Paläozän, USA. Umgezeichnet nach SIMPSON (1937 Abb. 9). Erklärung der Abkürzungen: Tab. 1.

Die seitliche Umrahmung des Hirnschädels (Abb. 2) wird von der Orbita und der Temporal-Grube eingenommen. Beide Bereiche sind nicht voneinander getrennt, da die Orbita bei den Multituberculaten wie allgemein bei primitiven Säugern hinten nicht durch eine Orbitotemporal-Spange abgegrenzt ist. Die O r b i t a ist mäßig groß bis sehr groß und stets seitwärts gerichtet. Dorsal kann sie von einem deutlich entwickelten Grat überdacht sein. Sie zeigt folgende Besonderheiten:

1. Der größte Anteil der Orbital-Wand wird vom Orbitosphenoid (*os*) eingenommen. In der Normalausbildung liegen bei Mammaliern in diesem Bereich 3 große Foramina: das F. opticum für den Austritt des Sehnervs; das F. sphenorbitale für den Durchtritt der Augenmuskel-Nerven (N. oculomotorius, N. trochlearis, N. abducens) und des N. ophthalmicus (V_1); schließlich das F. rotundum für den N. maxillaris (V_2). Bei den Multituberculaten ist der Hinterabschnitt des Orbitosphenoid nicht vollständig verknöchert, so daß hier eine sehr große Öffnung vorhanden ist, die Fissura sphenorbitalis (*fis*), welche wahrscheinlich die Funktion aller 3 Foramina gleichzeitig erfüllt. Während eine Verschmelzung des F. opticum mit dem F. sphenorbitale auch bei anderen Mammaliern vorkommen kann, ebenso eine Verschmelzung des F. sphenorbitale mit dem F. rotundum (STADTMÜLLER 1936: 913), tritt eine Vereinigung aller 3 Durchtritte sonst nur bei *Tachyglossus* ILLIGER, 1811, auf. Bei den Multituberculaten ist diese Ausbildung bereits im Malm vorhanden (HAHN 1977a Taf. 3 Fig. 6) und wird über die gesamte Lebenszeit der Gruppe beibehalten.

2. An zusätzlichen, kleineren Foramina sind vorhanden das F. ethmoideum (*fe*) für den Durchtritt des N. nasociliaris im Zentralbereich des Orbitosphenoid und das F. supraorbitale (*fso*) an der Oberkante der Orbita für den Austritt des N. frontalis. Im vorderen Orbital-Abschnitt befindet sich die Öffnung für den Infraorbital-Kanal sowie ein von KIELAN-JAWOROWSKA (1971: 12) als F. sphenopalatinum (*fsp*) bezeichnetes Foramen, das dem Durchtritt von Nerven zur Nasenhöhle

dient. (Beim Menschen wird als F. sphenopalatinum ein Durchtritt für Nerven und Gefäße von der Nasenhöhle zur Fossa pterygopalatina, nicht zur Orbita, bezeichnet (VOSS & HERRLINGER 1957: 278). Es ist nicht mit dem bei den Multituberculaten ebenso bezeichneten Foramen homolog).

3. Das Lacrimale (*l* in Abb. 7a, c) bildet einen Teil der vorderen Orbita-Begrenzung und erstreckt sich nach vorn auf die Schnauzenregion. Bei den jüngeren Multituberculaten ist es zumeist völlig mit den umliegenden Knochen verschmolzen, so daß in der älteren Literatur seine Abwesenheit postuliert wird. Erst KIELAN-JAWOROWSKA (1974: 23, 35; Abb. 3) konnte es auch für cretazische Formen nachweisen. In der aus KIELAN-JAWOROWSKA 1971 übernommenen Abb. 2 ist es daher noch nicht aufgeführt. Bei den Paulchoffatiidae im Kimmeridge ist es zumeist deutlich erkennbar. Das Foramen lacrimale (*fl* in Abb. 7a) liegt am Vorderrand der Orbita in ähnlicher Position wie bei anderen Säugetieren.

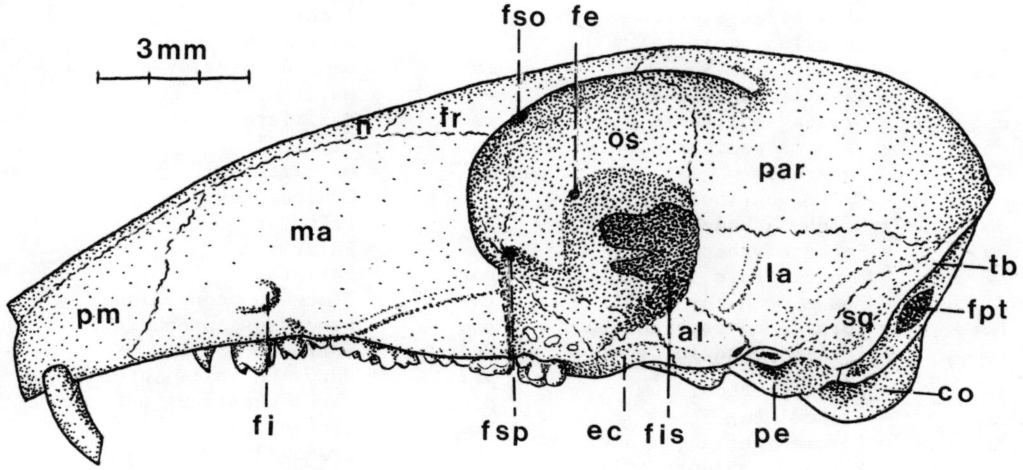

Abb. 2: Seitenansicht des Schädels von *Kamptobaatar kuczynskii* KIELAN-JAWOROWSKA, 1970; Ober-Kreide, Gobi. Umgezeichnet nach KIELAN-JAWOROWSKA (1971 Abb. 3). Erklärung der Abkürzungen: Tab. 1.

Der obere Bereich der T e m p o r a l - G r u b e wird vom Parietale (*par*) gebildet, der untere Bereich größtenteils von der Lamina anterior petrosi (*la*); das Alisphenoid (*al*) hat nur geringen Anteil am Aufbau der seitlichen Schädelwand, ebenso das Squamosum (*sq*) (Abb. 2). Damit zeigen die Multituberculaten ein Verhalten, das im deutlichen Gegensatz zu der Ausbildung bei den Marsupialiern und Placentaliern steht. Bei diesen wird die seitliche Begrenzung in diesem Schädelbereich vom Alisphenoid und Squamosum gebildet, eine Lamina anterior petrosi fehlt (KERMACK & KIELAN-JAWOROWSKA 1971 Abb. 3). KERMACK 1967 hält diesen Gegensatz für so bedeutsam, daß er danach die Säugetiere in 2 Unterklassen gliedert, Theria und Prototheria. In die Theria stellt er die Pantotheria (incl. Symmetrodonta) und die von ihnen abzuleitenden Marsupialier und Placentalier; in die Prototheria vereint er die Triconodonta, Docodonta, Multituberculata und Monotremata. Diese letzte Gruppe umfaßt die einzigen rezenten Säugetiere, die im Aufbau der seitlichen Schädelwand den Multituberculaten ähneln.

Der J o c h b o g e n wird vom Processus zygomaticus maxillaris (*pzm* in Abb. 7) und vom Processus zygomaticus squamosi (*pzs*) allein gebildet; ein Jugale fehlt bereits bei den Formen des Ober-Jura. Bei-

Tab. 1: Zusammenstellung der im Text und in den Abbildungs-Erklärungen gebrauchten Abkürzungen für anatomische Einzelheiten am Skelett der Multituberculaten.

a	= Acetabulum
al	= Alisphenoid
b	= Basioccipitale
bo	= Bulbus olfactorius
bs	= Basisphenoid
c	= Caninus
cb	= Cerebellum
ce	= Cerebrum
cep	= Cavum epiptericum
cl	= Crista lambdoidea
cm	= Crista masseterica
co	= Condylus occipitalis
cor	= Coracoid
cr	= Canalis prooticus
cs	= Crista sagittalis
csl	= Canalis semicircularis lateralis
cv	= Cavum vestibuli
dp	= Milch-Backenzahn
ec	= Ectopterygoid
ex	= Exoccipitale
fc	= Fossa cochleae
fci	= Foramen carotis internum
$fco_{1,2}$	= Foramen condyloideum
fe	= Foramen ethmoideum
ffl	= Flocculus
fi	= Foramen infraorbitale
fis	= Fissura sphenorbitalis
fj	= Foramen jugulare
fl	= Foramen lacrimale
fm	= Foramen magnum
fma	= Foramen pseudomasticatorium
fob	= Foramen obturatorium
foi	= Foramen pseudovale inferium
fpg	= Foramen postglenoidale
fpj	= Foramen palatinum major
fpm	= Foramen palatinum minor
fpn	= Foramen palatonasale
fps	= Foramen pseudovale
fpt	= Fossa posttemporalis
fr	= Frontale
fro	= Fenestra rotunda
frv	= Fenestra vestibuli
fs	= Fossa subarcuata
fsg	= Foramen supraglenoidale
fsm	= Fossa masseterica
fso	= Foramen supraorbitale
fsp	= Foramen sphenopalatinum
fst	= Foramen stylomastoideum primitivum
fv	= Foramen vasculare
g	= vordere Gaumenlücken
hf	= Hiatus canalis Fallopii
i	= Incisiv
il	= Ilium
is	= Ischium
l	= Lacrimale
la	= Lamina anterior petrosi
m	= Molar
ma	= Maxillare
n	= Nasale
om	= Os marsupium
os	= Orbitosphenoid
p	= Prämolar
pa	= Palatinum
par	= Parietale
pc	= Processus condylicus
pco	= Processus coronoideus
pe	= Petrosum
pfi	= Porus facialis internus
pic	= Porus acusticus internus cochlearis
pm	= Prämaxillare
pp	= Processus paroccipitalis
pr	= Promontorium
pt	= Pterygoid
pv	= Porus acusticus internus vestibularis
pu	= Pubis
pzm	= Processus zygomaticus maxillaris
pzs	= Processus zygomaticus squamosi
rsp	= Eindruck des Canalis semicircularis posterior
sf	= Sulcus facialis
so	= Supraoccipitale
sq	= Squamosum
ssp	= Spina scapulae
tb	= Tabulare
v	= Vomer

de Fortsätze sind annähernd gleich lang. Die Gelenkgrube für den Unterkiefer (Fossa glenoidalis) sitzt im Vergleich mit anderen Säugetieren weit hinten, neben dem Cavum vestibuli. Sie ist flach. Sie befindet sich in ähnlicher Lage bei den Monotremen.

Die S c h ä d e l b a s i s (Abb. 3) ist relativ schmal im Bereich des Basisphenoid (*bs*) und verbreitert sich von dort nach hinten kräftig. Das Basisphenoid wird jederseits von dem gleichfalls horizontal gelagerten Pterygoid (*pt*) begrenzt, auf das weiter nach außen und oben das Ectopterygoid (*ec*) vorn und das Alisphenoid (*al*) dahinter folgt, welche beide bereits einen Anteil der seitlichen Schädelwand bilden. Die Anwesenheit eines gesonderten Ectopterygoid ist bemerkenswert, denn dieser für den Reptilschädel typische Knochen ist bei Säugetieren im allgemeinen nicht mehr als gesondertes Element angelegt. Er tritt nach STADTMÜLLER (1936: 938) jedoch auch noch bei einigen Marsupialiern und Placentaliern auf, so bei *Petrogale*, *Tatusia* und *Tamandua*. Durch Vomer (*v*) und gratartige Fortsätze der Pterygoide ist die Region der Choanen bei cretazischen Multituberculaten in mehrere Längskanäle unterteilt. Während die beiden mittleren Kanäle den eigentlichen Nasen-Rachen-Gang darstellen, endet der jederseits außen gelegene Kanal blind. Nach KIELAN-JAWOROWSKA (1971: 26) diente er wahrscheinlich zur Aufnahme des Musculus tensor veli palatini. Bei einem noch unbeschriebenen Schädelrest eines Paulchoffatiiden aus dem Malm Portugals sind die Verhältnisse bereits ähnlich.

Sehr bemerkenswert ist eine gerundete oder längliche Öffnung jederseits am hinteren Außenrand des Pterygoid, zwischen diesem, dem Alisphenoid und der Lamina anterior petrosi gelegen. Es handelt sich hierbei wahrscheinlich um einen Rest des Cavum epipterlcum (*cep*), einer den Reptilschädel kennzeichnenden seitlichen Öffnung im Hirnraum. In diesem Bereich befindet sich bei den Reptilien das Ganglion semilunare des N. trigeminus; es liegt entsprechend dem schmalen reptilischen Hirnraum außerhalb der Schädelkapsel. Bei den Säugetieren wird der Hirnraum verbreitert, das Ganglion semilunare des N. trigeminus wird in die Schädelhöhle einbezogen, ihre Außenwand wird geschlossen. Die 3 Äste des N. trigeminus passieren die Schädelwand nunmehr normalerweise durch das F. sphenorbitale (V_1), F. rotundum (V_2) und F. ovale (V_3). Bei den Multituberculaten ist die säugerhafte Konstruktion in diesem Schädelbereich im Prinzip verwirklicht, nur wird eine letzte kleine Öffnung als Reminiszenz reptilischer Vergangenheit bewahrt.

Daß es sich bei dieser Öffnung tatsächlich um ein rudimentäres Cavum epiptericum handelt, geht nach KERMACK (1963: 94-96) aus ihrer Lage im Bereich der Sella turcica hervor. An einem isolierten Sphenoid-Komplex von *Triconodon mordax* (OWEN 1859) konnte KERMACK (1963) diese Lagebeziehung erstmals nachweisen. Inzwischen liegt ein entsprechend isolierter Sphenoid-Komplex auch von einem Multituberculaten aus dem Kimmeridge vor (noch unbeschrieben), der eine ganz ähnliche Konfiguration aufweist. Es kann daher angenommen werden, daß ein rudimentäres Cavum epiptericum wahrscheinlich bei allen mesozoischen Mammaliergruppen noch ± lange persistierte, bevor die Schädelwand in diesem Bereich völlig geschlossen wurde.

Der hintere Abschnitt der Schädelbasis wird vom Basioccipitale (*b*) zentral und den Petrosa (*pe*) seitlich eingenommen. Im Grenzbereich zwischen Basisphenoid und Basioccipitale, jedoch noch auf dem ersten, befindet sich jederseits das Foramen carotis internum (*fci*), das dem Durchtritt der Carotis interna dient. Dieser Durchtritt liegt bei Reptilien und primitiven Säugern auf dem Basisphenoid;

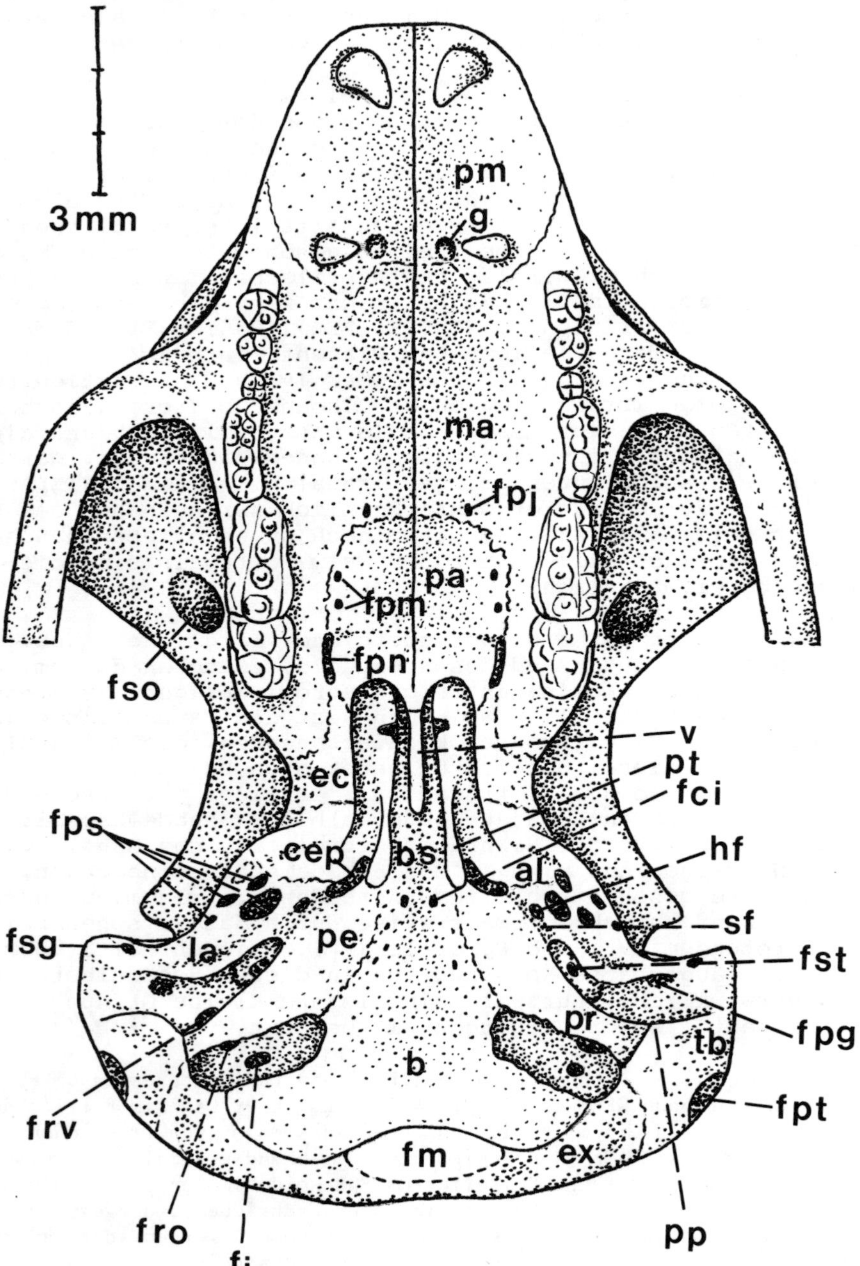

Abb. 3: Ventral-Ansicht des Schädels von *Kamptobaatar kuczynskii* KIELAN-JAWOROWSKA, 1970; Ober-Kreide, Gobi. Umgezeichnet nach KIELAN-JAWOROWSKA (1971 Abb. 4). Erklärung der Abkürzungen: Tab. 1.

bei Marsupialiern und Placentaliern ist er auf die Petrobasilar-Naht gerückt. Im hinteren Bereich des Basioccipitale befindet sich das Foramen condyloideum für den Austritt des N. accessorius spinalis und des N. hypoglossi. Bei *Kamptobaatar* KIELAN-JAWOROWSKA, 1970, (Abb. 3) ist es nicht nachweisbar; es ist wahrscheinlich mit dem F. jugulare verschmolzen. Bei *Ptilodus* (SIMPSON 1937 Abb. 7) ist es schlitzartig entwickelt und liegt in der Nähe des F. jugulare. Bei *Paulchoffatia delgadoi* KÜHNE, 1961, (Abb. 4a) ist es zweigeteilt; offenbar traten N. accessorius spinalis (durch fco_1) und N. hypoglossi (durch fco_2) getrennt aus.

Das P e t r o s u m (*pe*) nimmt jederseits einen sehr großen Bereich der basalen und der seitlichen Schädelwand ein. Es muß unterschieden werden zwischen der eigentlichen Ohrkapsel und der außen daneben (n i c h t davor) gelegenen Lamina anterior petrosi (*la*). Der N. mandibularis, welcher bei Placentaliern und Marsupialiern durch das F. ovale im Alisphenoid austritt, verläßt bei den Multituberculaten den Hirnraum durch die Lamina anterior petrosi, bedingt durch die große Ausdehnung dieser Knochenplatte. Es liegt daher ein Foramen pseudovale vor (*fps*). Der Durchtritt des N. mandibularis erfolgt bei den Multituberculaten offenbar stets getrennt in mehreren Ästen. Bei *Ptilodus* und *Paulchoffatia* (Abb. 4) können 2 Foramina unterschieden werden: ein Öffnung wahrscheinlich für den N. masticatorius und den N. buccinatorius (= F. pseudomasticatorium, *fma*), eine zweite Öffnung wahrscheinlich für den N. temporalis superficialis, N. alveolaris inferior und den N. lingualis (= F. pseudovale inferium, *foi*). Bei *Kamptobaatar* liegen sogar 5 Öffnungen (*fps* in Abb. 3) für die einzelnen Äste des N. mandibularis vor. Diese Verhältnisse zeigen eine besonders intensive Innervierung der Mundhöhle und der Kaumuskulatur an. Sie finden sich im rezenten Bereich in ähnlicher Ausgestaltung bei den Rodentiern wieder.

Die O h r k a p s e l ist in ihrer Ventral-Ansicht am besten von *Ptilodus, Kamptobaatar* und *Sloanbaatar* bekannt (Abb. 3); über den Innenbau gibt *Paulchoffatia* Aufschluß (Abb. 4). Die dorsale, dem Hirnraum zugewandte Fläche stellt SIMPSON (1937 Abb. 8) für *Ptilodus* dar. Von einem Paulchoffatiiden aus dem Kimmeridge liegt ein noch nicht beschriebenes isoliertes Petrosum vor, das alle Ansichten zeigt. Die Ventral-Fläche des Petrosums ist durch folgende Einzelheiten gekennzeichnet:

1. Das Promontorium (*pr*) stellt eine sich auf der Innenseite des Petrosum von hinten nach vorn erstreckende Aufwölbung dar, unter der sich die Fossa cochleae (*fc*) befindet. Die Cochlea ist nicht zur Schnecke aufgerollt, sondern nur schwach gekrümmt, somit ähnlich gestaltet wie bei den Reptilien. Unter den rezenten Mammaliern zeigen nurmehr die Monotremen dieses Verhalten.

2. Am Hinterende des Promontorium liegt auf der Externseite die Fenestra vestibuli (*frv*), auf der Internseite die Fenestra rotunda (*fro*). An der Fenestra vestibuli setzt der Stapes an. Die Fenestra rotunda bleibt dem Foramen jugulare eng benachbart und ist ± deutlich schlitzartig gestaltet.

3. Außen neben dem Promontorium, vor der Fenestra vestibuli, verläßt der Nervus facialis das Petrosum im Foramen stylomastoideum primitivum (*fst*). Er teilt sich hier wahrscheinlich in den N. hyomandibularis und den N. palatinus. Dieser zieht im Sulcus facialis (*sf*) nach vorn. Der Sulcus facialis ist teilweise überdeckt und bildet den Canalis Fallopii. Eine Einmündung in diesen Kanal nahe am vorderen Petrosum-Rand ist der Hiatus canalis Fallopii (*hf*). Er dient wahrscheinlich zur Aufnahme des N. petrosus superficialis major. Ähnliche Verhältnisse wie hier dargestellt zeigen heute nur noch die Monotremen.

4. Nahe am Hinterrand des Petrosum erhebt sich hinter der Fenestra vestibuli der Processus paroccipitalis (*pp*); er dient der Anheftung der Membrana tympani. Bei den Marsupialiern und Placentaliern wird ein entsprechender Vorsprung jederseits vom Exoccipitale gebildet, nicht vom Petrosum. Seine Ausbildung am Petrosum ist ein reptilisches Merkmal, das sich auch bei anderen mesozoischen Säugern findet, innerhalb der rezenten Säugetiere aber wieder auf die Monotremen beschränkt ist.

5. Die Vena capitis lateralis durchzieht das Petrosum im Canalis prooticus (*cr* in Abb. 4). Er steht nach SIMPSON bei den Multituberculaten mit 2 lateral zur Ohrregion gelegenen Öffnungen in Verbindung, dem F. postglenoidale (*fpg*) und dem F. supraglenoidale (*fsg*). Bei den Monotremen hat der Canalis prooticus nur einen, noch auf dem Petrosum gelegenen Ausgang, das F. vasculosum externum laterale. Die Multituberculaten ähneln in diesem Merkmal also eher den Eutheria als den Monotremen.

6. Intern zum Petrosum, auf der Petrobasilar-Naht, liegt das F. jugulare (*fj*) dicht neben der Fenestra rotunda. Bei *Kamptobaatar* (Abb. 3) ist dieser Bereich eingesenkt. Das F. jugulare dient dem N. glossopharyngicus, dem N. vagus und dem N. accessorius vagi zum Austritt, ebenso der Vena jugularis. Bei *Kamptobaatar* treten, wie bereits gesagt, wahrscheinlich auch der N. accessorius spinalis und der N. hypoglossi durch das F. jugulare aus, da ein F. condyloideum bei dieser Gattung nicht nachgewiesen werden konnte.

7. Ein Os tympanicum ist nach KIELAN-JAWOROWSKA bei den Multituberculaten gar nicht nachweisbar. Es ist nicht sicher, ob es lediglich der Fossilisation entging oder völlig reduziert war. Demensprechend ist auch keine Bulla tympanica vorhanden. Es ist somit nicht bekannt, ob tatsächlich 3 Gehörknöchelchen vorhanden waren. Die Möglichkeit, daß Quadratum und Articulare nicht zu Gehörknöchelchen umgewandelt, sondern völlig reduziert waren, ist somit nicht auszuschließen.

Die dorsale, dem Cavum cranii zugewandte Seite des Petrosum ist seit SIMPSON (1937) nicht mehr untersucht worden. Es ist im hinteren Bereich eine deutlich eingesenkte Fossa subarcuata (*fs* in Abb. 4a) vorhanden, in der der Flocculus des Cerebellum liegt. Sie ist umgeben vom Canalis semicircularis lateralis (*csl*). Davor befindet sich der eingesenkte Porus acusticus internus. Er ist unterteilt in den Porus acusticus internus cochlearis (*pic*) für den N. acusticus cochlearis, den Porus acusticus internus vestibularis (*pv*) für den N. acusticus vestibularis und den Porus facialis internus (*pfi*) für den Durchtritt des N. facialis. In Abb. 4b ist diese Region in der Sicht vom Cavum vestibuli her zu sehen.

Den Innenbau des Cavum vestibuli (*cv*) zeigt das aufgerissene Petrosum von *Paulchoffatia* (Abb. 4a, b). Das Cavum vestibuli bildet eine tief eingesenkte Höhle, an deren Grund die Fenestra vestibuli (*frv*) liegt. Die Fenestra rotunda (*fro*) mündet gegen das Foramen jugulare (*fj*) aus. Neben der Fenestra vestibuli liegt der Eingang in die Fossa cochleae (*fc*). Ferner erhalten sind Anteile der 3 Bogengänge sowie Reste des Canalis prooticus (*cr*). Im abgerissenen Dach des Cavum vestibuli ist der Porus acusticus internus mit seinen 3 Durchgängen sichtbar.

Die H i n t e r w a n d des Schädels ist bei den Multituberculaten deutlich gegenüber dem Schädeldach abgeknickt (Abb. 2, 5) und oben und seitlich durch die halbkreisförmig gebogene Crista lambdoidea (*cl*) begrenzt. Das Occiput wird nicht nur vom Supraoccipitale (*so*), den Exoccipitalia (*ex*), dem Squamosum (*sq*) und der Pars mastoidea des Petrosum (mit dem Processus paroccipitalis, *pp*) aufgebaut, sondern es ist zudem jederseits noch ein großes Tabulare (*tb*) vorhanden. Dieser reptilische Knochen wird nur bei wenigen Säugetieren noch als selbständiges Element angelegt, so z.B. bei *Chrysochloris* LACÉPÈDE, 1799; den Monotremen fehlt er. In seinem Zentrum ist bei den Multituberculaten eine große Öffnung vorhanden, die Fossa posttemporalis (*fpt*). Bei den Monotremen ist eine solche Öffnung

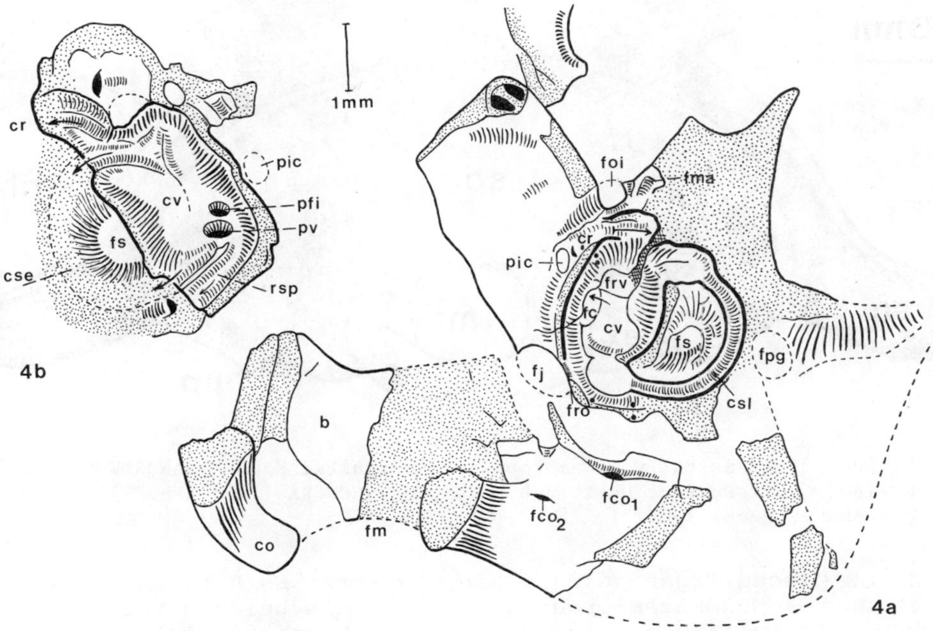

Abb. 4: Ohr-Region und Hinterhaupts-Region von *Paulchoffatia delgadoi* KÜHNE, 1961; Kimmeridge, Portugal. Umgezeichnet nach HAHN (1969 Abb. 11a-b). Erklärung der Abkürzungen: Tab. 1. — a) Ansicht auf die Basis der Hirnhöhle mit dem aufgerissenen Cavum vestibuli. — b) Ansicht in das abgerissene Dach des Cavum vestibuli.

gleichfalls vorhanden und zwischen dem Petrosum und dem Squamosum gelegen. Sie führt in den Canalis temporalis. Dieser ist ein letzter Rest der reptilischen Fenestra posttemporalis, die zwischen dem posttemporalen Bogen und dem Cavum cranii liegt. Mit der zunehmenden Vergrößerung des Hirnraumes wird sie zunehmend reduziert und verschwindet bei den Marsupialiern und Placentaliern schließlich vollständig. Vorn mündet der C. temporalis bei den Multituberculaten wahrscheinlich im F. supraglenoidale aus.

Der Gesichtsschädel ist mäßig lang bis kurz und bei den einzelnen Gattungen von unterschiedlicher Breite (Abb. 6, 7). Die Gaumenplatte wird vom Prämaxillare (*pm*), Maxillare (*ma*) und Palatinum (*pa*) gebildet (Abb. 3). Eigentümlich sind ± große Gaumenlücken (*g*) sowohl im vorderen Gaumenbereich als auch im hinteren Gaumenbereich (Abb. 6). Die vorderen Gaumenlücken liegen im Grenzbereich zwischen Prämaxillare und Maxillare; sie sind - abgesehen von *Kuehneodon* aus dem Kimmeridge (Abb. 6b) - immer vorhanden, wenn auch in unterschiedlicher Form und Größe. Ihre maximale Ausbildung erlangen sie bei *Ptilodus* im Paläozän (Abb. 6e). Es ist anzunehmen, daß sie im Zusammenhang standen mit dem JACOBSONschen Organ. Daß ein solches vorhanden war, wird wahrscheinlich aus dem

Bau des Nasenraumes bei *Kuehneodon*? sp. HAHN (1977a Taf. 1 Fig. 3a). Bei diesem Exemplar zeigt die Innen-Wandung des Nasenraumes über den vorderen Gaumenlücken eine deutliche seitliche Höhlung, in der

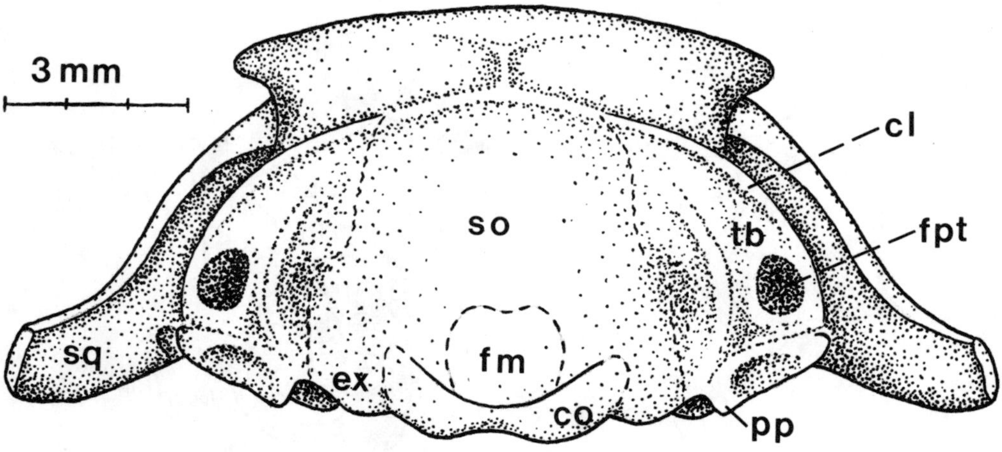

Abb. 5: Occipital-Ansicht von *Kamptobaatar kuczynskii* KIELAN-JAWOROWSKA, 1970; Ober-Kreide, Gobi. Umgezeichnet nach KIELAN-JAWOROWSKA (1971 Abb. 2). Erklärung der Abkürzungen: Tab. 1.

das JACOBSONsche Organ gelegen haben dürfte. Es hat den Anschein, als ob das JACOBSONsche Organ größer war als bei den rezenten Säugern und die Multituberculaten in dieser Hinsicht ein eher reptilisches Verhalten erkennen lassen.

Die hinteren Gaumenöffnungen konnten bei jurassischen Multituberculaten bisher nicht nachgewiesen werden; auch den Taeniolabidoidea fehlen sie vielfach. Ihre größte Ausdehnung erreichen sie wiederum bei *Ptilodus* (Abb. 6e); bei *Sloanbaatar* sind 2 Paar Öffnungen hintereinander vorhanden (Abb. 6c). Die Bedeutung dieser hinteren Gaumenöffnungen ist unbekannt. Es ist lediglich erwiesen, daß bei *Ptilodus* die Kanäle für die Zweige des N. palatinus nicht durch gesonderte Foramina (F. palatinum minor und F. palatinum major bei *Kamptobaatar*; *fpm* und *fpj* in Abb. 3) auf die Gaumenflächen ausmünden, sondern wahrscheinlich in die hinteren Gaumenlücken hinein. Bei rezenten Säugetieren können entsprechende Gaumenlücken im hinteren Gaumenabschnitt gleichfalls auftreten. Bei *Bettongia* GRAY, 1837, befinden sie sich in ähnlicher Position und erreichen ähnliche Größe wie bei *Ptilodus*. Sie sind zu Lebzeiten der Tiere von Gewebe überwachsen und offenbar funktionslos.

Dicht hinter dem F. palatinum minor liegt bei *Kamptobaatar* (Abb. 3) jederseits auf der Sutur zwischen Palatinum und Maxillare eine weitere, längliche Öffnung. KIELAN-JAWOROWSKA deutet sie 1971 als Austritt für den N. nasopalatinus und nennt sie daher F. palatonasale (*fpn*). Die Ausmündung des N. nasopalatinus an dieser Stelle ist für die Theriodonta kennzeichnend. Bei den Säugetieren mündet dieser Nerv weiter vorn, kurz vor der Schnauzenspitze im F. incisivum auf den Gaumen aus. Das Fehlen eines gesonderten F. incisivum bei den Multituberculaten unterstützt die Ansicht von KIELAN-JAWOROWSKA und enthüllt ein weiteres ursprüngliches Verhalten dieser Tiergruppe.

In der Seitenansicht (Abb. 2) ähnelt die Schnauzenregion derjenigen anderer Säugetiere. Zu bemerken ist lediglich, daß bei den Paulchoffatiidae das Foramen infraorbitale (*fi*) oft gedoppelt ist: Arteria carotis externa und Nervus infraorbitalis treten offenbar gesondert aus dem Canalis infraorbitalis aus.

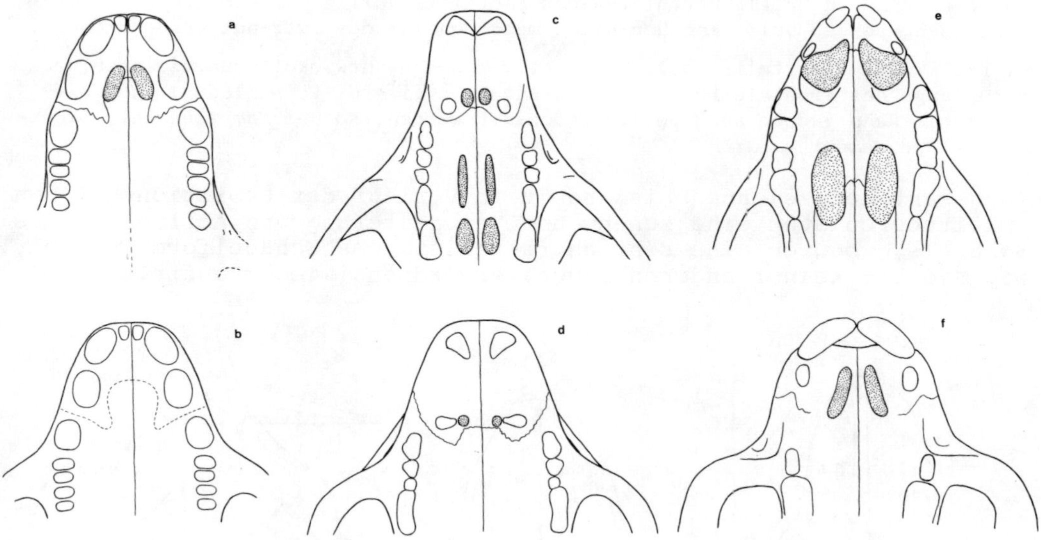

Abb. 6: Gaumenansichten verschiedener Multituberculaten, um die unterschiedliche Ausbildung der Gaumenlücken (punktiert) und den unterschiedlichen Schnauzenumriß zu zeigen. Ohne Maßstab. Umgezeichnet nach HAHN (1977a Abb. 7). — a) *Paulchoffatia? delgadoi* KÜHNE, 1961; Kimmeridge, Portugal. — b) *Kuehneodon dryas* HAHN, 1977; Kimmeridge, Portugal. — c) *Sloanbaatar mirabilis* KIELAN-JAWOROWSKA, 1970; Ober-Kreide, Gobi. — d) *Kamptobaatar kuczynskii* KIELAN-JAWOROWSKA, 1970; Ober-Kreide, Gobi. — e) *Ptilodus montanus* DOUGLASS, 1908; Paläozän, USA. — f) *Taeniolabis taoensis* (COPE, 1882); Paläozän, USA.

Die Schädeloberseite (Abb. 7a-c) läßt im Verlauf der Evolution der Multituberculaten folgende wesentliche Veränderungen erkennen:

1. Die ursprünglich relativ schlanken Nasalia (*n*) werden zunehmend verbreitert und nehmen schließlich einen sehr großen Bereich der Schnauzenbedeckung ein. Bei *Taeniolabis* (SIMPSON 1937 Abb. 3A) werden sie zudem noch stark verlängert und nach hinten bis zwischen die Orbiten ausgedehnt. Kennzeichnend ist das Auftreten mehrerer, unregelmäßig verteilter "Vascular-Foramina" (*fv*) auf den Nasalia. Derartige Foramina sind von Theriodonta bekannt; bei Säugetieren fehlen sie im allgemeinen. Bei den Squamaten treten durch derartige Foramina nach KIELAN-JAWOROWSKA (1971: 25) Äste des lateralen N. ethmoideus zur Innervierung der äußeren Nasenregion aus. Die Multituberculaten haben somit auch im Nasenbau ein reptilisches Merkmal bewahrt. In diesem Zusammenhang von Bedeutung ist ferner die Tatsache, daß Inserations-Gruben für Tasthaare im Umkreis der Schnauzenspitze bei Multituberculaten bisher nicht festgestellt werden konnten.

2. Die bei den Jura-Formen schmalen Frontalia (*fr*) werden gleichfalls zunehmend verbreitert, der Hirnraum zwischen den Orbiten wird entsprechend vergrößert. Die vordere und hintere Begrenzung der Frontalia kann sehr unterschiedlich ausgebildet sein, wie Abb. 7a-c zeigt. Bei *Paulchoffatia delgadoi* (Abb. 7a) pausen sich die Bulbi olfactorii (*bo*) durch.

3. Das Lacrimale (*l*) liegt anfangs in der vorderen Orbita-Begrenzung (Abb. 7a) und dehnt sich nur wenig auf die Schädeloberseite aus. Bei den jüngeren Multituberculaten nimmt es einen immer größeren Anteil am Aufbau der Schädeloberseite und tritt mit dem Nasale in Berührung. In Abb. 7c sind diese bei *Nemegtbaatar gobiensis* KIELAN-JAWOROWSKA, 1974, aufgefundenen Verhältnisse auf *Kamptobaatar* übertragen und durch gestrichelte Linien dargestellt. Im allgemeinen ist bei den jüngeren Multituberculaten das Lacrimale völlig mit dem Frontale verschmolzen, so daß beide Knochen nicht mehr voneinander getrennt werden können.

4. Die Crista sagittalis (*cs*) ist relativ schwach entwickelt und vielfach nach vorn längs der Frontale-Parietale-Begrenzung zweigeteilt (*Ptilodus, Taeniolabis*); sie kann jedoch auch völlig reduziert werden, so bei *Kamptobaatar, Sloanbaatar* und *Nemegtbaatar*.

Insgesamt kennzeichnend ist somit im Verlauf der Evolution bei den Multituberculaten eine zunehmende Verbreiterung und Abflachung des Schädels, wodurch eine sehr charakteristische Schädelform entsteht, wie sie bei keiner anderen Säugetier-Ordnung wieder auftritt.

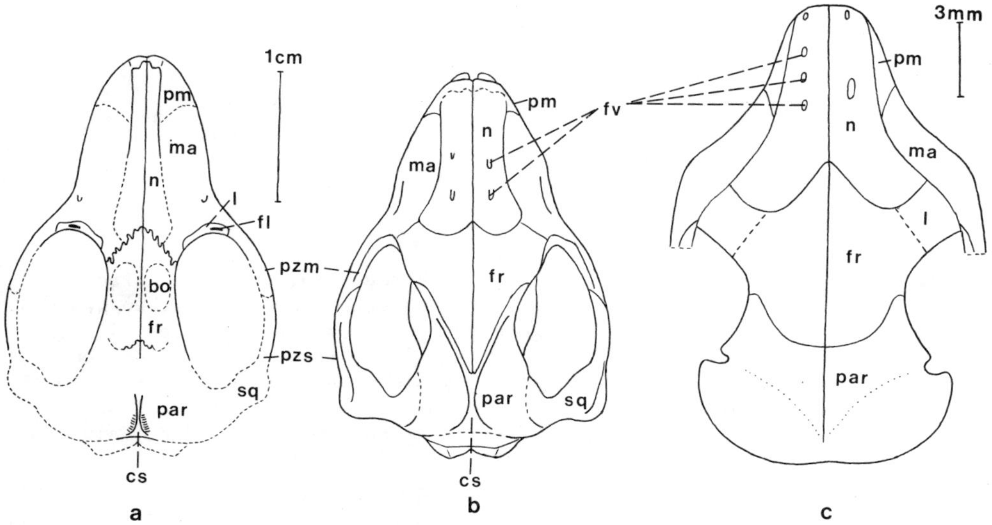

Abb. 7: Die Schädeloberseite verschiedener Multituberculaten, um die zunehmende Verbreiterung des Schädels und die Umgestaltungen im Bereich von Nasale, Frontale und Lacrimale zu zeigen. Erklärung der Abkürzungen: Tab. 1. — a) *Paulchoffatia delgadoi* KÜHNE, 1961; Kimmeridge, Portugal. Umgezeichnet nach HAHN (1969 Abb. 15a). — b) *Ptilodus montanus* DOUGLASS, 1908; Paläozän, USA. Umgezeichnet nach SIMPSON (1937 Abb. 5). — c) *Kamptobaatar kuczynskii* KIELAN-JAWOROWSKA, 1970; Ober-Kreide, Gobi. Umgezeichnet nach KIELAN-JAWOROWSKA (1971 Abb. 1); Lacrimale ergänzt nach KIELAN-JAWOROWSKA (1974 Abb. 3).

Der U n t e r k i e f e r (Abb. 8, 9a-d) zeigt einen im Prinzip säugerhaften Bau. Es ist zumeist nur ein Knochen-Element jederseits, das Dentale, ausgebildet, und das sekundäre Kiefergelenk ist in Funktion. Als akzessorisches, aus dem Reptil-Zustand übernommenes Knochen-Element konnte durch HAHN (1977b) die Anwesenheit eines rudimentären Coronoids bei Paulchoffatiidae nachgewiesen werden (Abb. 8). Es handelt sich dabei um eine kleine, dünne Knochenplatte, die unmittelbar hinter dem m_2 auf der Lingual-Seite dem Dentale aufsitzt. Sie ist bereits im Kimmeridge nicht mehr bei allen Individuen vorhanden und kann bei stratigraphisch jüngeren

Formen gar nicht mehr aufgefunden werden. Damit eilen die Multituberculaten in der säugerhaften Gestaltung des Unterkiefers den Docodonten und Pantotheria voraus. Denn bei diesen Gruppen ist im Kimmeridge nicht nur das Coronoid erhalten, sondern im Spleniale und im zeitlebens persistierenden Sulcus mylohyoideus liegen weitere reptilische Merkmale vor, welche die Multituberculaten bereits verloren haben. Ein Processus angularis fehlt allen Multituberculaten. Die Reduktion dieses Fortsatzes teilen sie mit den Triconodonta und den Symmetrodonta; die Reduktion ist bei allen diesen Gruppen unabhängig voneinander erfolgt. Der Unterrand des Dentale ist im hinteren Bereich abgeplattet und seitlich leistenartig verbreitert, auf der Außenseite zur Crista masseterica (*cm*), auf der Innenseite zur Crista pterygoidalis. Die über diesen Leisten gelegenen Einbuchtungen, Fossa masseterica (*fsm*) und Fossa pterygoidalis, dienen der Kaumuskulatur zum Ansatz. Der Processus condylicus (*pc*) ist verbreitert und abgerundet; er gestattet eine proal-palinale Kieferbewegung. Das Foramen mandibulae liegt auf der Lingual-Seite des Unterkiefers unterhalb des m_2; es ist als senkrechter Schlitz entwickelt. Beide Unterkieferäste sind in der Symphyse nur knorpelig miteinander verbunden.

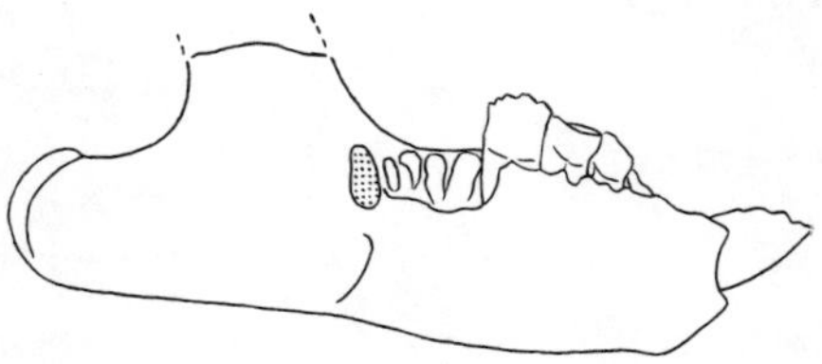

Abb. 8: Mandibel von *Kuehneodon dietrichi* HAHN, 1969, in Lingual-Ansicht; Kimmeridge, Portugal. Das Coronoid ist punktiert dargestellt. Umgezeichnet nach HAHN (1977b Abb. 5c).

Im Verlauf der Evolution erfährt der Unterkiefer der Multituberculaten folgende Veränderungen (Abb. 9a-d):

1. Die ursprünglich plump gebaute Pars mandibulae unterhalb der Prämolaren wird in Zusammenhang mit der Reduktion der vorderen Prämolaren zunehmend schlanker; sie umgibt schließlich nur noch die Alveole des Incisiv.

2. Der Processus coronoideus (*pco*) wird zunehmend erniedrigt.

3. Die Facette des Processus condylicus, welche ursprünglich nach hinten gerichtet ist (Abb. 9a-b), wird zunehmend nach oben gekehrt, wodurch ein stärkeres Abklappen des Unterkiefers erreicht wird.

4. Die Unterkiefer-Zahnreihe, die bei *Paulchoffatia* noch annähernd parallel zur Kiefer-Längsachse gerichtet ist (Divergenz-Winkel 8°-10°) wird zunehmend stärker diagonal gestellt, bis der Winkel gegenüber der Kiefer-Längsachse um 30° beträgt. Die vorderen Prämolaren sind nach außen, die Molaren nach innen gerückt. Ein ähnliches Verhalten zeigen auch andere Säugergruppen mit vergrößerten, liegend inserierten unteren Incisivi, wie die Rodentia und *Bettongia*.

C. Bezahnung

Die Bezahnung der Multituberculaten ist durch 2 Merkmale gekennzeichnet: sie ist "multituberculat" und sie ist "plagiaulacoid".

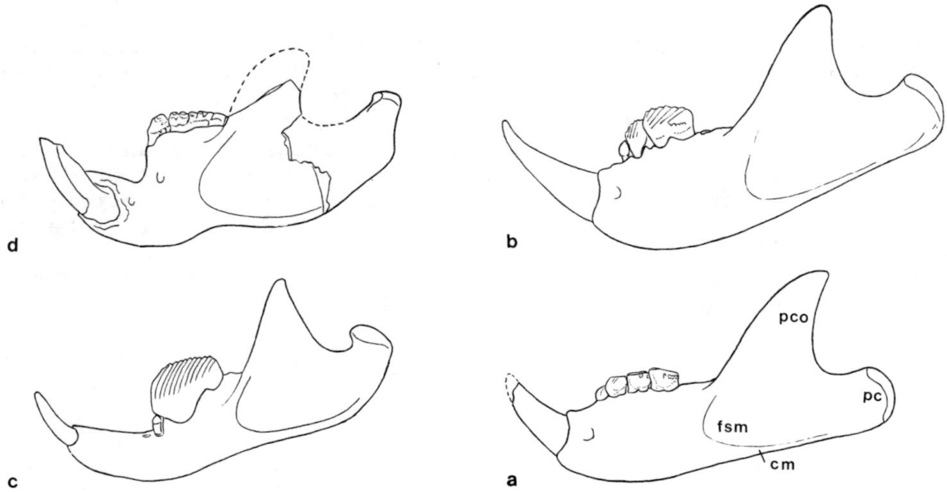

Abb. 9: Mandibeln verschiedener Multituberculaten in Labial-Ansicht, um die während der Evolution eintretenden Veränderungen am Vorderabschnitt der Mandibel, am Processus coronoideus, am Proc. condylicus und an der Bezahnung zu zeigen. Ohne Maßstab. Erklärung der Abkürzungen: Tab. 1. — a) *Paulchoffatia delgadoi* KÜHNE, 1961; Kimmeridge, Portugal. Umgezeichnet nach HAHN (1978b Abb. 1a). — b) *Plagiaulax becklesi* FALCONER, 1857; Purbeck, England. Umgezeichnet nach SIMPSON (1928 Abb. 9). — c) *Ptilodus montanus* DOUGLASS, 1908; Paläozän, USA. Umgezeichnet nach SIMPSON (1937 Abb. 4). — d) *Taeniolabis taoensis* (COPE, 1882); Paläozän, USA. Umgezeichnet nach MATTHEW (1937 Abb. 71).

Der multituberculate Zustand ist gekennzeichnet durch die Ausbildung vieler, niedriger, ± konischer Höcker auf den brachyodonten Molaren; diese Höcker sind in 2-3 Längsreihen angeordnet (Abb. 10). Im Oberkiefer ergreift die Tendenz zur Vielhöckrigkeit auch die übrigen Zahngruppen; sogar die Incisivi werden mehrhöckrig. Im Unterkiefer werden die *i-p* andersartig abgewandelt (siehe unten). Derartig gestaltete multituberculate Molaren kommen bei keiner anderen Säugergruppe vor; sie haben der hier behandelten Ordnung ihren Namen verliehen und sind eines ihrer typischsten Merkmale.

Die "plagiaulacoide" Gebißdifferenzierung - nach einer Gattung der Multituberculaten, *Plagiaulax* FALCONER, 1857, benannt - ist gekennzeichnet durch eine funktionelle Dreiteilung des Gebisses: Die Incisivi nehmen die Nahrung auf, die Prämolaren zerschneiden und die Molaren zerkauen sie. Hierzu haben die Kronen der Unterkiefer-Prämolaren Sägeblatt-artige Schneidekanten entwickelt (Abb. 9), welche gegen die Lingual-Fläche der normal ausgebildeten Oberkiefer-Prämolaren schleifen.

In Funktion und Morphologie ähnliche "plagiaulacoide" Gebißmuster sind innerhalb der Mammalia mehrmals unabhängig voneinander entstanden, nämlich bei den Multituberculaten, den Marsupialiern und den Primaten. Innerhalb der Marsupialier zeigen 3 nicht näher miteinander verwandte Evolutions-Zweige eine derartige Differenzierung. Einmal handelt es sich um Vertreter der Caenolestidae TROUESSART, 1898, und die Polydolopidae AMEGHINO, 1897, aus dem Tertiär S-Amerikas; die wenigen rezenten Vertreter der ersten Familie haben die plagiaulacoide Gebißstruktur nicht entwickelt; die zweite Familie ist völlig erloschen. Beide Familien stammen aus einer Wurzel. Der zweite Zweig sind die Phalangeridae THOMAS, 1888; hier zeigt die Gattung *Burramys* BROOM, 1898, ein plagiaulacoides Gebiß. Anfangs nur fossil aus dem Pleistozän bekannt, konnte diese Gattung 1966 auch lebend in Victoria aufgefunden werden (GEWALT 1967: 115). Drittens finden sich Formen mit plagiaulacoider Gebißentwicklung bei ursprünglichen Macropodidae, den Potoroinae TROUESSART, 1898; am deutlichsten ausgeprägt ist das plagiaulacoide Gebiß bei *Bettongia* GRAY, 1837, aus Australien und Tasmanien.

Innerhalb der Primaten ist das plagiaulacoide Gebiß bei den Carpolestidae SIMPSON, 1935, aua dem Paläozän N-Amerikas entwickelt. Abbildungen und Vergleiche aller dieser unterschiedlichen Säugergruppen mit plagiaulacoider Gebißentwicklung finden sich bei SIMPSON 1933a.

Die Gebißformel der Multituberculaten lautet $\frac{3\ \ 1\ \ 5\ \ 2}{1\ \ 0\ \ 4\ \ 2}$ bei den ursprünglichsten und $\frac{2\ \ 0\ \ 1\ \ 2}{1\ \ 0\ \ 1\ \ 2}$ bei den am stärksten abgeleiteten Formen .Die große Differenz zwischen der Zahnzahl im Oberkiefer und im Unterkiefer schon bei den Paulchoffatiidae des Kimmeridge zeigt an, daß bereits hier eine starke Verringerung der Zahl der Unterkiefer-Zähne im Zusammenhang mit der Ausbildung des plagiaulacoiden Gebisses eingetreten ist. Die Wurzelformen mit vollständiger Zahnzahl und "normaler" Gebißentwicklung sind unbekannt.

Die Anzahl der Incisivi im Oberkiefer beträgt 3 bei den Plagiaulacoidea, 2 bei allen jüngeren Formen. Die i^1 sind bereits bei den Formen des Malm klein (Abb. 10a), bei den jüngeren Gattungen sind sie verschwunden. Sehr auffällig ist die Tatsache, daß die Incisivi bei den ältesten bekannten Vertretern, den Paulchoffatiidae, am kompliziertesten gebaut sind: die i^{2-3} sind zwei- bis vierhöckrig; vor allem die i^3 zeigen mit einem Quergrat und mehreren konischen Einzelhöckern (Abb. 10a) ein bei keiner anderen Säugergruppe wieder zu beobachtendes Aussehen. Bei den jüngeren Multituberculaten sind die Incisivi im Oberkiefer einfacher gestaltet; vor allem tritt nirgendwo mehr der komplizierte Bau der i^3 auf. Daraus kann gefolgert werden, daß die Paulchoffatiidae wegen ihres großen Komplikations-Grades der Oberkiefer-Incisivi nicht die unmittelbaren Ahnen jüngerer Multituberculaten sind. Bemerkenswert ist bei manchen jüngeren Multituberculaten, so bei *Kamptobaatar* (Abb. 10b) die Stellung der i^3: Sie sind gegenüber der Backenzahn-Reihe einwärts versetzt und befinden sich dicht neben den vorderen Gaumenlücken.

Im Unterkiefer ist stets jederseits nur noch ein Incisiv vorhanden. Er steht bei den Formen des Malm noch relativ steil (Abb. 9a-b), wird aber im Verlauf der weiteren Evolution immer stärker liegend inseriert. Bei den Plagiaulacoidea und Ptilodontoidea ist seine Krone ringsum von Schmelz eingehüllt. Bei den Taeniolabidoidea (Abb. 9d) wird bei ihm ebenso wie bei den Incisivi des Oberkiefers der Schmelz auf ein Band reduziert. Es entsteht somit ein

Funktions-Typ, der sich dem der Rodentia stark annähert; allerdings bleiben die Incisivi der Multituberculaten stets bewurzelt.

Der C a n i n u s ist nur noch bei den Paulchoffatiidae (vielleicht auch noch bei den Plagiaulacidae) und nur im Oberkiefer erhalten.

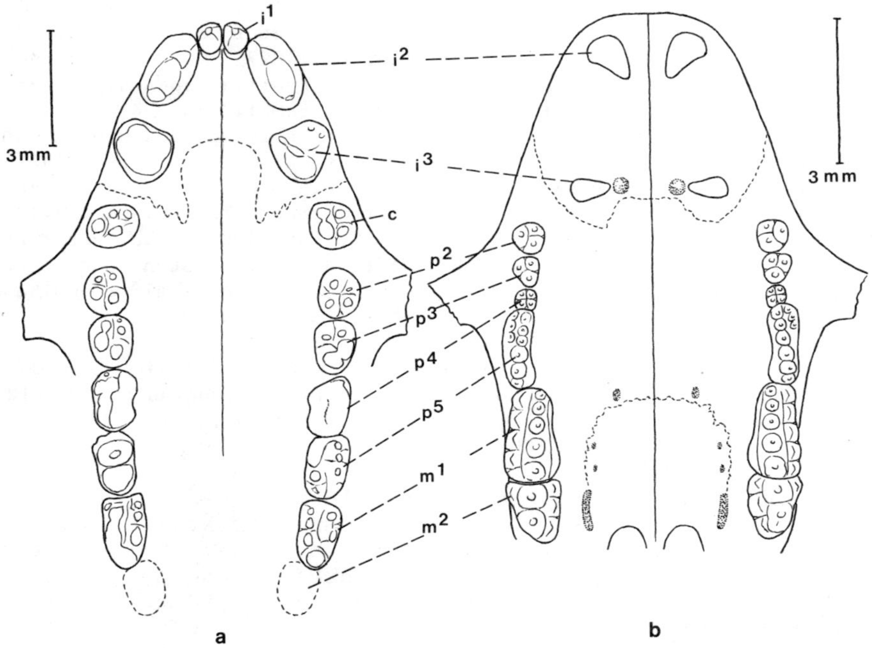

Abb. 10: Oberkiefer-Bezahnung eines ursprünglichen (a) und eines abgeleiteten (b) Multituberculaten. Ohne Maßstab. Erklärung der Abkürzungen: Tab. 1. — a) *Kuehneodon simpsoni* HAHN, 1969; Kimmeridge, Portugal. Abgeändert nach HAHN (1977a Abb. 4). Der Ansatz des Jochbogens ist entsprechend dem Bau bei *K. dryas* (Abb. 6b) nach vorn verlegt . — b) *Kamptobaatar kuczynskii* KIELAN-JAWOROWSKA, 1970; Ober-Kreide, Gobi. Die punktierten Bereiche sind Foramina in der Gaumenregion. Umgezeichnet nach KIELAN-JAWOROWSKA (1971 Abb. 4).

Allen jüngeren Multituberculaten fehlt er. Seine Krone ist völlig prämolariform (Abb. 10a), mehrhöckrig. Jedoch ist er im Gegensatz zu den Prämolaren einwurzelig, und die Reduktion des Backenzahn-Gebisses setzt nicht bei ihm an, sondern zunächst am p^1. So entsteht ein Diasthema c-p^2 bei *Kuehneodon* (Abb. 10a), bevor auch der Caninus verschwindet.

Die P r ä m o l a r e n sind im Oberkiefer und Unterkiefer sehr unterschiedlich gestaltet. Während sie im Oberkiefer ihr "Normal-Aussehen" bewahren, sind im Unterkiefer ihre Kronen zu Sägeblatt-artigen Gebilden umgeformt. Ihre Anzahl wird im Verlauf der Evolution der Gruppe von vorn beginnend kontinuierlich reduziert. Im Oberkiefer sind bei *Paulchoffatia* noch 5, bei *Taeniolabis* nur noch 1 *p* vorhanden; *Kamptobaatar* zeigt 4 Prämolaren (Abb. 10b). Während die vorderen Prämolaren annähernd quadratisch geformt und mit 3-4 Höckern besetzt sind, werden die hinteren Prämolaren länger als breit, entwickeln 2 Höckerreihen und gleichen sich den Molaren ± deutlich an. Bei einigen Paulchoffatiidae besteht die Tendenz zur Ausbildung einer dritten Höckerreihe auf p^5. Der Innenrand der hinteren Prämolaren ist innen abgeschrägt und dient als Widerlager für die Sägekante der unteren Prämolaren.

Die Kronen der Unterkiefer-Prämolaren sind, wie bereits gesagt, Sägeblatt-artig gestaltet. Dieser Kronenbau kann abgeleitet werden von einem den Oberkiefer-Prämolaren ähnlichen Zahn mit gleichfalls 2 Höckerreihen. Während die linguale Höckerreihe zunehmend erhöht wird, wird die labiale Höckerreihe zunehmend reduziert und verschwindet schließlich völlig. Bei den Plagiaulacoidea des Malm ist diese äußere Höckerreihe noch in Form von "Basal-Höckern" erhalten (Abb. 11). Sehr bemerkenswert ist die Tatsache, daß bei den Paulchoffatiidae des Kimmeridge die Sägeblatt-artige Ausgestaltung der Unterkiefer-Prämolaren zwar schon voll entwickelt ist, die Zähne aber noch nicht schneidend funktionieren, sondern horizontal abgeschliffen werden (Abb. 9a). Das liegt daran, daß die Antagonisten im Oberkiefer noch nicht die benötigten Schleifkanten an ihren Innenflächen entwickelt haben; sie sind vielmehr breitkronig und gestatten somit nur einen ebenen Abschliff, keine schneidende Tätigkeit. Die Ausbildung der Unterkiefer-Prämolaren bei den Paulchoffatiidae ist damit eines der klarsten und besten Beispiele für Präadaptation im Bereich der Säugetiere.

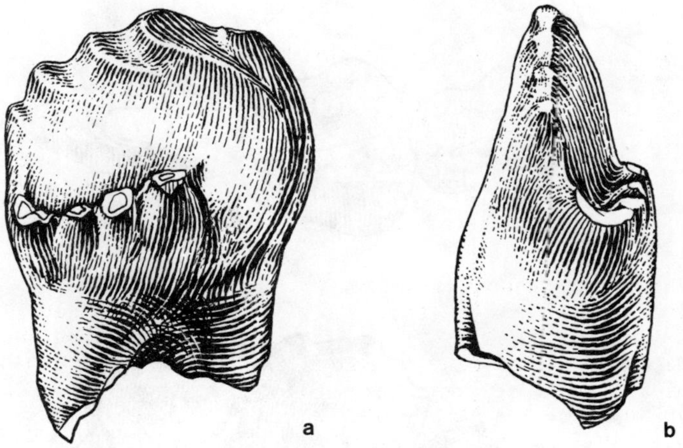

Abb. 11: Rechter p_4 eines Paulchoffatiiden mit gut erhaltener äußerer Höckerreihe (Basal-Höcker); Kimmeridge, Portugal. Aus HAHN (1969 Abb. 29a, d). — a) Labial-Ansicht. — b) Hinteransicht.

In dem kurzen Zeitraum zwischen Kimmeridge und Purbeck, im Verlauf des Malm, ist die benötigte Verschmälerung der hinteren Oberkiefer-Prämolaren vollzogen worden, die Schleifkanten sind entwickelt (Abb. 10b p^5). Die Prämolaren der Plagiaulacidae (Abb. 9b) arbeiten bereits als Schneiden, bei keiner bekannten Art werden die Kronen der unteren *p* mehr abgekaut. Die zeitlich sehr schnell eingetretene, möglicherweise durch einen Mutations-Schritt vorgenommene, relativ geringfügige Abänderung an den oberen Prämolaren hat den Tieren völlig neue Lebens-Möglichkeiten eröffnet und ihre Ernährungsweise stark verändert. Erst jetzt ist ja das "plagiaulacoide" Gebiß funktionell verwirklicht, erst jetzt können seine Möglichkeiten ausgenutzt werden.

Im weiteren Verlauf der Evolution bleibt die schneidende Funktion der Prämolaren bei den meisten Multituberculaten erhalten. Es tritt lediglich eine immer weitergehende Reduktion der vorderen Prämolaren ein; das Diasthema *c-p* im Unterkiefer wird immer länger. Das Sägeblatt wird schließlich nur mehr vom p_4 gebildet (Abb. 9c). Lediglich bei *Taeniolabis* im Paläozän tritt noch einmal eine Funktions-Änderung ein. Bei dieser Gattung wird die schneidende Funktion der Prämolaren aufgegeben und die Zerkleinerung der Nahrung nur mehr von den gliriformen Incisivi besorgt (Abb. 9d). Dieser Schritt zum "Nagetier-Verhalten" war offenbar sehr erfolgreich; denn *Taeniolabis* ist mit den Ausmaßen eines Murmeltieres der Riese der Ordnung.

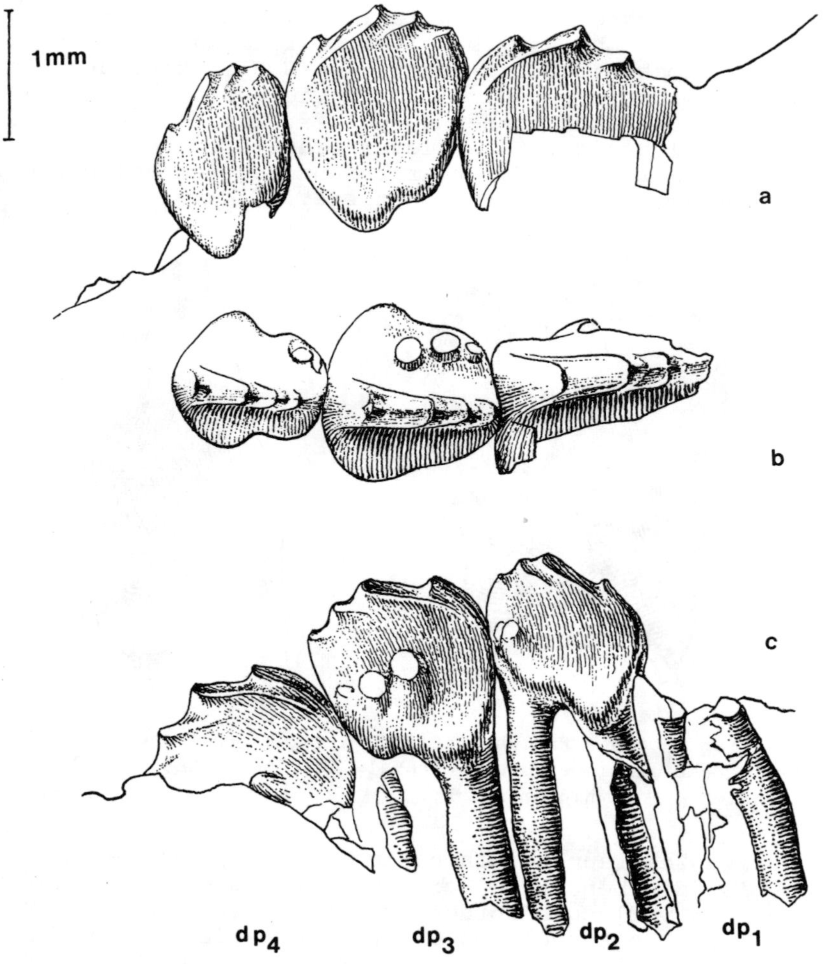

Abb. 12: Rechte dp_{1-4} von *Kuehneodon dietrichi* HAHN, 1969; Kimmeridge, Portugal. Der dp_4 ist noch nicht voll durchgebrochen; er befindet sich im Bereich des Processus coronoideus an einer Stelle, wo im Folgegebiß der m_1 seinen Platz hat. Aus HAHN (1978a Abb. 1). – a) Lingual-Ansicht. – b) Aufsicht. – c) Labial-Ansicht.

Zusammenfassend können somit nach der Funktion ihrer Prämolaren die Multituberculaten in 4 Gruppen gegliedert werden:

1. Das plagiaulacoide Gebiß ist präadaptiv angelegt, wird aber noch nicht als solches benutzt; die Unterkiefer-Molaren werden abgekaut: Paulchoffatiidae des Kimmeridge (Abb. 9a).

2. Das plagiaulacoide Gebiß ist voll entwickelt und wird als solches benutzt; die Prämolaren werden schneidend gebraucht. Die Incisivi sind von Schmelz umgeben: Plagiaulacidae im Purbeck, Ptilodontoidea in Kreide und Alt-Tertiär (Abb. 9b-c).

3. Wie 2, Incisivi jedoch nur noch mit Schmelzband, Tendenzen zur gliriformen Ausbildung der *i*: Taeniolabidoidea (außer *Taeniolabis* selbst) in Kreide und Alt-Tertiär.

4. Das plagiaulacoide Gebiß ist nicht mehr ausgebildet, es treten keine schneidenden Prämolaren mehr auf; die Nahrungs-Zerkleinerung wird von den gliriformen Incisivi besorgt: *Taeniolabis* im Paläozän (Abb. 9d).

Die Anzahl der Molaren beträgt 2 im Oberkiefer und im Unterkiefer bei allen bekannten Formen. Daß es sich tatsächlich um Molaren im Sinne der höheren Säugetiere handelt, konnte durch HAHN (1978a) gezeigt werden. Im Milch-Gebiß sind nämlich nur *di* und *dp* vorhanden, noch keine molariformen Zähne. Der dp_4 befindet sich weit hinten, in der Position der Molaren, so daß für diese im juvenilen Kiefer noch gar kein Platz vorhanden ist (Abb. 12).

Bemerkenswert ist die Ausgestaltung der m_2 bei den Paulchoffatiidae. Während die Molaren des Oberkiefers und des m_1 bei dieser

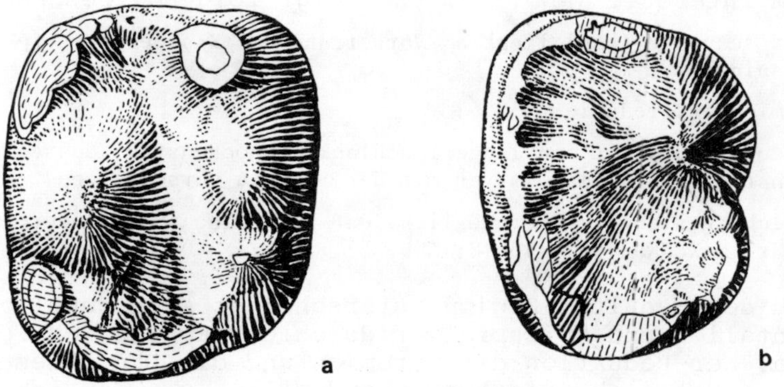

Abb. 13: Linker m_1 (a) und m_2 (b) von Paulchoffatiiden; Kimmeridge, Portugal. Während der m_1 zwei Höckerreihen zeigt, ist der m_2 beckenartig gestaltet mit nur einem antero-lingualen Höcker. Vorn ist im Bild oben. Aus HAHN (1969 Abb. 34a; 42).

Familie wie bei allen übrigen Multituberculaten in Längs-Reihen angeordnete Höcker tragen, zeigt der m_2 einen völlig abweichenden Kronenbau. Er ist beckenförmig gestaltet, umgeben von einem erhöhten, umlaufenden Rand mit nur einem Höcker im antero-lingualen Bereich. Diese eigenartige Gestalt des m_2 (die auch bei isolierten Haramiyiden-Zähnen schon auftritt) schließt ebenso wie der besprochene, komplizierte Bau des i^3 die Paulchoffatiidae als direkte Ahnen jüngerer Multituberculaten aus. In Abb. 13a-b sind ein m_1 und ein m_2 eines Paulchoffatiiden dargestellt.

Der Zahn-Schmelz ist bei den Multituberculaten von Dentin-Röhren durchzogen und ähnlich wie bei Marsupialiern und ursprünglichen Placentaliern gebaut.

D. Postcraniales Skelett

Das postcraniale Skelett der Multituberculaten liegt erst unvollständig vor. Insbesondere fehlt es an Kenntnis über den Bau der Wirbelsäule (Abb. 14). Auch die Extremitäten-Gürtel sind nur von wenigen Formen bekannt.

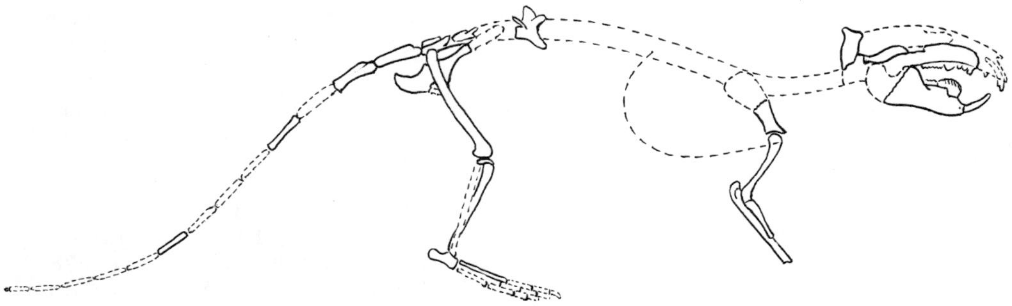

Abb. 14: Rekonstruiertes Skelett von *Mesodma thompsoni* CLEMENS, 1963; Ober-Kreide, USA. Umgezeichnet nach SLOAN & VAN VALEN (1964 Abb. 3).

Von den Vorder-Extremitäten sind Scapulocoracoid, Humerus, Ulna und Radius gefunden worden. Das Scapulocoracoid ist von besonderem Interesse (Abb. 15) und zeigt folgende Besonderheiten:

1. Die Spina scapulae (*ssp*) liegt am Vorderrand des Knochens; es fehlt die Fossa supraspinata.

2. Das Acromion ist reduziert.

3. Das Coracoid (*cor*) ist ein langer, schlanker Knochenstab, dessen distales Ende unbekannt ist. Proximal ist er mit der Scapula verschmolzen.

4. Es ist nicht gesichert, aber möglich, daß noch eine freie Interclavicula vorhanden war (McKENNA 1961: 16-18; Abb. 5).

Dieser Bau der Schulter-Region unterscheidet sich deutlich von dem der Placentalier und Marsupialier durch das Fehlen der Fossa supraspinata, der Reduktion des Acromion und die Länge des Coracoid. Er unterscheidet sich jedoch ebenso deutlich von dem der Monotrematen durch die Lage der Fossa articularis, des Coracoid und die Ausbildung der Spina scapulae. Er entspricht noch weitgehend dem Schultergürtel der Cynodonta, von dem er sich im wesentlichen nur durch die Reduktion des Acromion und die Verschmelzung von Scapula und Coracoid unterscheidet. Ob bei den Multituberculaten noch ein Procoracoid vorhanden war und wie die Clavicula beschaffen war, ist unbekannt.

Der Humerus ist schlank und im Gegensatz zum Scapulocoracoid ähnlich wie bei den höheren Säugetieren gebaut (GIDLEY 1909). Er hat wie alle übrigen bekannten Extremitäten-Knochen knöcherne Epiphysen. Die Ulna hat ein deutlich entwickeltes Olecranon. Humerus einerseits und Ulna-Radius andererseits sind wie allgemein bei ursprünglichen Säugern von annähernd gleicher Länge. Vom Carpus sind nur wenige isolierte Anteile bekannt, die noch keine Rekonstruktion von Handwurzel und Hand gestatten.

Das P e l v i s ist säugerhaft gebaut. Das Ilium (*il*) ist lang und schlank, das Acetabulum (*a*) liegt weit oben. Von besonderem Inter-

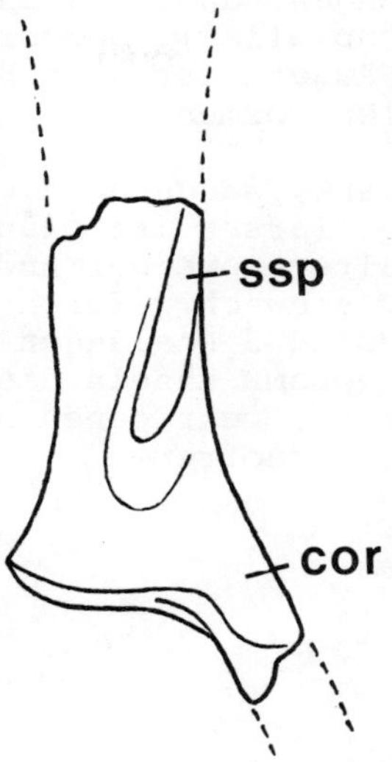

Abb. 15: Scapulocoracoid eines Multituberculaten, gen. et sp. indet.; Ober-Kreide, USA. Umgezeichnet nach McKENNA (1961 Abb. 6). Erklärung der Abkürzungen: Tab. 1.

esse ist der Nachweis eines "Beutelknochens" (Os marsupium, *om*, Abb. 16) durch KIELAN-JAWOROWSKA (1969). Es handelt sich um einen kurzen Knochenstab (nur etwa halb so lang wie das Ilium), der dem Pubis (*pu*) ansitzt. Damit sind nunmehr "Beutelknochen" bei Tritylodontidae, Multituberculaten, Monotremen, Marsupialiern und möglicherweise auch bei frühen Placentaliern nachgewiesen: *Barunlestes* KIELAN-JAWOROWSKA, 1975a. In jüngster Zeit konnten sie durch

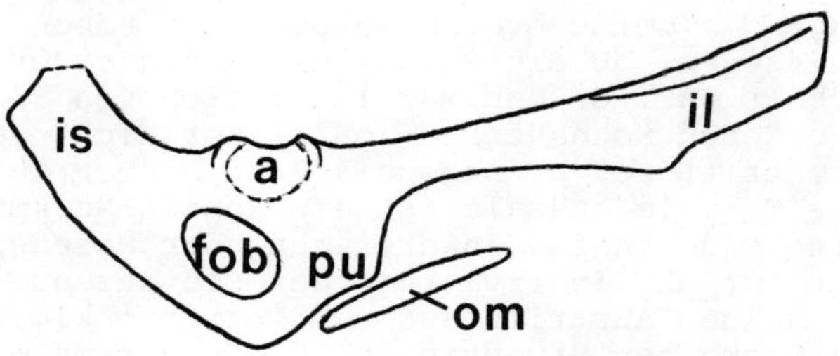

Abb. 16: Pelvis von *Kryptobaatar dashzevegi* KIELAN-JAWOROWSKA, 1970; Ober-Kreide, Gobi. Umgezeichnet nach KIELAN-JAWOROWSKA (1969 Abb. 2). Erklärung der Abkürzungen: Tab. 1.

HENKEL & KREBS (1977) ferner bei einem Vertreter der Pantotheria aufgefunden werden. Es entsteht somit der Anschein, als ob entsprechende Bildungen den frühen Säugetieren ganz allgemein zu eigen waren und bei den Placentaliern möglicherweise wieder reduziert worden sind. Die Hoffnung, daraus einen Hinweis auf ein bereits säugerhaftes Fortpflanzungs-Verhalten bei den betreffenden

Ordnungen zu gewinnen, hat sich bis jetzt jedoch leider nicht erfüllt. Denn weder besteht bei den rezenten Mammaliern hinreichende Kenntnis über die Funktion dieser Knochen, noch ist gesichert, daß es sich um homologe Bildungen handelt ("Incubatorium" der Monotremen, "Marsupium" der Marsupialier). Bessere Kenntnis dieser Bildungen bei den rezenten Säugern ist also Voraussetzung für ihre Ausdeutung bei den fossilen Formen.

Femur und Tibia sind schlank, säugerhaft gestaltet. Die Fibula ist unvollständig bekannt. Der Tarsus ist plantigrad. Er besteht aus 7 getrennten Knochen in alternierender Anordnung; die Trochlea astragali ist nur relativ schwach gefurcht (GRANGER & SIMPSON 1929: 643-645; Abb. 23-24). Es sind 5 Phalangen vorhanden; die Endphalangen sind bekrallt. Insgesamt ähneln die Extremitäten, abgesehen vom Bau des Scapulocoracoids, mehr denen moderner Säugetiere als solchen von Reptilien oder Monotremen.

E. Lebensweise

Zur Lebensweise der Multituberculaten lassen sich aus ihrer Anatomie zahlreiche Anhaltspunkte gewinnen. Ihre Ausstattung mit S i n n e s o r g a n e n war gut, zumindest soweit Auge und Nase betroffen sind. Die großen bis sehr großen Orbiten lassen auf entsprechend große Augen schließen. Es liegt nahe anzunehmen, daß diejenigen Arten mit extrem großen Orbiten, wie *Kuehneodon*? sp. im Kimmeridge und *Kamptobaatar* sowie *Sloanbaatar* in der Ober-Kreide nachtaktiv waren. Die Augen waren zur Seite gerichtet; stereoskopisches Sehen war sicherlich nur in geringem Umfang möglich.

Die Bulbi olfactorii erreichen die im Vergleich zum Gesamtumfang des Gehirns größten Dimensionen unter allen Mammaliern. Diese Tatsache im Zusammenhang mit der wahrscheinlichen Ausbildung des JACOBSONschen Organs läßt den Schluß zu, daß die Multituberculaten ein hervorragendes Geruchsvermögen besessen haben dürften. Nicht sicher ist hingegen, ob ein Rhinarium im Sinne der höheren Säugetiere entwickelt war. Gruben zur Inseration von Sinneshaaren konnten in der vorderen Schnauzenregion bisher nicht nachgewiesen werden. Der Durchtritt des N. nasopalatinus hinten auf der Gaumenfläche durch das F. palatonasale ist ein Reptil-Merkmal und spricht nicht für eine säugerhafte Innervierung der Nasenspitze. Der N. facialis, der für die Innervierung der Schnauzenregion wichtig ist, war bei seinem Austritt aus dem Petrosum klein im Vergleich mit höher entwickelten Säugetieren. Diese Merkmale zusammen lassen weder bewegliche Lippen, noch eine bewegliche "Schnüffelnase", noch die Anwesenheit von Tasthaaren als sehr wahrscheinlich erscheinen. Es liegt somit der Schluß nahe, daß die Schnauzenspitze noch eher reptilisch als säugerhaft beschaffen war und die Tiere vom Aussehen eines "typischen" Säugetieres noch merklich abwichen.

Becken und E x t r e m i t ä t e n erlaubten nach der Analyse von SIMPSON & ELFTMAN (1928) eine schnelle Bewegung als Läufer ebenso wie als Kletterer. Grabende und schwimmende Bewegung sind nach dem untersuchten Material von *Eucosmodon* MATTHEW & GRANGER, 1921, nicht wahrscheinlich. Es muß hierbei aber berücksichtigt werden, daß bisher lediglich diese eine Gattung genauer analysiert worden ist und andere Formen abweichende Adaptationen besessen haben können, ähnlich wie es heute bei den Rodentiern neben Läufern und Kletterern auch Schwimm- und Grabformen gibt.

Über die Ernährung hat anhand des Gebißbaus SIMPSON (1926, 1928, 1933a, 1933b) eingehende Untersuchungen angestellt, die am Verhalten der rezenten Potoroinae teilweise überprüfbar sind. Danach stellt das plagiaulacoide Gebiß eine Möglichkeit dar, unter Beibehaltung brachyodont-bunodonter Molaren zur Herbivorie zu gelangen. Die Nahrungsteile werden von den Incisivi aufgenommen und vorbehandelt (z.B. geschält), sodann zwischen den Prämolaren zerschnitten und von den Molaren zerkaut. Diesen fällt somit nur ein Teil des Gesamt-Kauprozesses zu; sie werden relativ gering beansprucht. Bei den Multituberculaten dürfte die Zunge eine wesentliche Rolle dabei gespielt haben, die Nahrungsbrocken in die "richtige" Lage zu bringen, um sie zerschneiden zu können. Denn die vorderen Prämolaren des Oberkiefers bleiben erhalten, auch wenn keine Antagonisten im Unterkiefer mehr vorhanden sind; sie wirkten mit der Zunge zusammen.

Die rezenten Potoroinae TROUESSART, 1898, bevorzugen nach SIMPSON (1926: 245; 1933a: 105) trockene pflanzliche Materialien wie Wurzelfasern, grobe Blätter von Xanthorrhoeaceen (Grasbaumgewächse) und Samen von *Macrozamia*. HEINEMANN (1967: 162-163) gibt für *Aepyprymnus* GARROD, 1875, allgemein Wurzeln, zarte Blätter und Früchte als Nahrung an und erwähnt auch, daß sowohl die genannte Gattung als auch *Bettongia* GRAY, 1837, als Schädling in Gärten und an Feldfrüchten auftreten können. Es ist somit eine zumindest überwiegend pflanzliche Diät für die Potoroinae nachgewiesen.

Für die Multituberculaten kann eine entsprechende Ernährungsweise nicht nur aus dem ähnlichen Gebißbau abgeleitet werden, sondern auch aus ihren bemerkenswerten evolutiven Veränderungen mit Beginn der Ober-Kreide. Diese Veränderungen führen zum Verschwinden der Plagiaulacoidea sowie dem Erscheinen der Ptilodontoidea und der Taeniolabidoidea, und sie fallen mit der Entwicklung der Angiospermen zusammen. Durch diese wurden neue Nahrungsquellen bereitgestellt, die den Multituberculaten zahlreiche neue ökologische Nischen eröffnet und ihr Aufblühen ermöglicht haben dürften. Es muß also unterschieden werden zwischen dem Nahrungsangebot für die Plagiaulacoidea im Mesophytikum und die Ptilodontoidea und Taeniolabidoidea im Kaenophytikum. Den Plagiaulacoidea standen im wesentlichen Samen, Zapfen, Blätter und Wurzeln von Cycadeen, Bennettiteen und Coniferen zur Verfügung. Für die jüngeren Gruppen wurde das Angebot um eine Fülle von Angiospermen bereichert, die Bennettiteen verschwanden hingegen. Bei den Paulchoffatiiden des Kimmeridge wirkten die Prämolaren noch nicht als Schneide. Damit dürften zahlreiche faserige und harte Pflanzen-Substanzen noch nicht nutzbar gewesen sein. Es kann damit gerechnet werden, daß diese Formen noch in stärkerem Maße omnivor waren als die späteren Multituberculaten. Daß auch diese keinesfalls reine Pflanzenfresser waren, zeigt eine interessante Beobachtung, die SIMPSON & ELFTMAN (1928: 17) mitteilen. Danach sind fossile Knochen im Unter-Paläozän (also zu einer Zeit, als Rodentia und Lagomorpha noch fehlen) öfter von anderen Tieren benagt worden, wie die erhaltenen Spuren zeigen. Als Erzeuger kommen nach der Zusammensetzung der Fauna nur Multituberculaten in Betracht. Zu denken ist an Vertreter der Taeniolabidoidea, die bereits gliriforme Incisivi entwikkelt haben. Dieses Beispiel zeigt, daß die plagiaulacoide Gebißstruktur nicht zu einseitig als herbivor ausgelegt werden darf.

Betrachtet man die Umwelt der Multituberculaten, so zeigt sich, daß sie in unterschiedlichen Lebensräumen zuhause waren. Ihre Reste finden sich nach SIMPSON & ELFTMAN (1928: 16) in strandnahen marinen Ablagerungen ebenso wie in solchen von Waldregionen (Kohlen), Lagunen, Savannen und ariden Hochgebieten. Die Tiere haben offenbar von der Küstenregion bis zum Gebirge und vom tropischen Regenwald bis zur Steppe alle Habitate besiedelt. Bemerkenswert ist, daß dort, wo sie auftreten, ihre Reste fast stets gegenüber anderen Säugergruppen an Artenzahl und Individuenreichtum deutlich im Vordergrund stehen. Das läßt auf schnelle Artbildung und große Populationen (Leben in Gruppen) schließen.

Aus den angeführten Fakten entsteht für die Multituberculaten das Bild überwiegend kleiner, beweglicher Tiere, die in großer Individuenzahl alle möglichen Lebensräume besiedelten und sich vorzugsweise von Pflanzenstoffen ernährten. Es gab wahrscheinlich Tagtiere ebenso wie nachtaktive Formen, Kletterer ebenso wie Läufer. Schwimmformen (z.B. in flußreichen Gebieten) und Grabformen (z.B. in ariden Hochgebieten) sind nicht auszuschließen, aber noch nicht nachgewiesen. Damit zeigen die Tiere eine ökologische Differenzierung, wie sie heute in ähnlicher Weise bei den Rodentiern auftritt, und ein Vergleich zwischen beiden Gruppen ist häufig gezogen worden.

Zur Zeit des Ober-Jura (Kimmeridge) hatten die Multituberculaten offenbar wenig Feinde. Das kann geschlossen werden aus der Erhaltung der Bezahnung in über 50 Unterkiefern und einem Dutzend Oberkiefer von einer Fundstelle (Kohlengrube Guimarota bei Leiria in Portugal). Bei der überwiegenden Anzahl dieser Kiefer sind die Backenzähne stark, oft bis zur Kronen-Basis abgekaut. Die Tiere haben offensichtlich ein entsprechend ihrer Lebenserwartung hohes individuelles Alter erreicht. Flink und mit Sinnesorganen bestens ausgerüstet, sind sie den carnivoren Reptilien entronnen. Von den zeitgenössischen Mammaliern drohte noch kaum Gefahr, waren diese in der Größe und dem Hirnvolumen doch keineswegs weiter evoluiert als die Multituberculaten. Von Feinden also wenig behelligt und auch ohne wesentliche Nahrungskonkurrenten (andere herbivore Gruppen mit plagiaulacoidem Gebiß lebten zur damaligen Zeit weder unter den Reptilien noch unter den Mammaliern), waren die Tiere zunächst keinem wesentlichen Evolutionsdruck ausgesetzt. Hierin mag die Erklärung liegen für ihr späteres Unvermögen, sich im Bau des Hirnschädels weiterzuentwickeln. Hirnhöhle, Orbital-Region, Schädelbasis und Ohr bleiben nach heutiger Kenntnis über mehr als 100 Millionen Jahre nahezu unverändert; nur die zum Nahrungserwerb dienenden Bereiche des Schädels und das Gebiß werden stärker abgewandelt. Damit werden die Multituberculaten, die im Ober-Jura die wahrscheinlichst am weitesten fortgeschrittene Säugergruppe sind, im Alt-Tertiär zu "lebenden Fossilien". Nunmehr unter dem Druck carnivorer Placentalier stehend, umgeben von zahlreichen herbivoren Konkurrenzgruppen (darunter den Carpolestiden mit gleichfalls plagiaulacoidem Gebiß), auch der Konkurrenz der Rodentia und Lagomorpha ausgesetzt, neigt sich im Eozän ihre Blütezeit dem Ende zu. Bereits im Unter-Eozän seltener werdend, erlischt die Gruppe endgültig im Ober-Eozän. Der älteren Vorstellung, daß für ihr Aussterben allein die Konkurrenz der Rodentia verantwortlich sei, ist LANDRY (1965) entgegengetreten; VAN VALEN & SLOAN (1966) haben sich in modifizierter Form dem angeschlossen. Es ist damit anzunehmen, daß nicht eine Gruppe allein die Multituberculaten verdrängt hat, sondern ein Zusammenspiel vieler Faktoren vorliegt, unter denen das Unvermögen zur Umgestaltung wichtiger Schädelbereiche sicherlich nicht unwesentlich ist.

F. Beziehungen zu anderen Säugergruppen

Sollen die Beziehungen der Multituberculaten zu anderen Säugetieren untersucht werden, so ist es nötig, plesiomorphe, synapomorphe und autapomorphe Merkmale voneinander zu trennen. Als plesiomorph sind solche Merkmale zu bewerten, die ± auf dem reptilischen Ausgangszustand verharren. Synapomorphe Merkmale sind solche, die sich in ihrer speziellen Ausbildung auch bei anderen Säugergruppen finden, autapomorphe Merkmale schließlich diejenigen, die allein den Multituberculaten zukommen.

Werden hiernach die wichtigsten anatomischen Differenzierungen gruppiert, so können folgende Merkmale als plesiomorph bezeichnet werden:

1. Die Persistenz des Cavum epiptericum.
2. Die Lage des Foramen carotis internum auf dem Basisphenoid.
3. Die Persistenz des Ectopterygoid.
4. Die nicht zur Schnecke aufgerollte Cochlea.
5. Die Ausmündung der Fenestra rotunda dicht neben dem Foramen jugulare.
6. Der Austritt des Nervus facialis durch das Foramen stylomastoideum primitivum.
7. Die Ausbildung des Processus paroccipitalis am Petrosum.
8. Die Persistenz des Tabulare.
9. Die Anwesenheit des Canalis temporalis.
10. Der Bau der Nasenregion mit Foramen palatonasale und Vascular-Foramina auf den Nasalia.
11. Anwesenheit eines rudimentären Coronoid im Unterkiefer bei den Formen des Kimmeridge.
12. Bau des Schultergürtels mit reptilischem Scapulocoracoid und vielleicht noch Interclavicula.
13. Möglicherweise auch noch die Anwesenheit eines Os marsupium, da ein solches auch bei Tritylodontidae aufgefunden werden konnte.

Als Synapomorphien mit anderen Säugergruppen (unter Ausschluß solcher Merkmale, die a l l e n Mammaliern eigen sind), sind zu nennen:

1. Verschluß der seitlichen Schädelwand durch die Lamina anterior petrosi, Reduktion des Alisphenoid.
2. Kürze des Cavum cranii, Lage der Fossa glenoidalis weit hinten neben dem Petrosum.

Autapomorph sind folgende Merkmale:

1. Bau des Gehirns mit sehr großen Bulbi olfactorii und kurzem, unter das Cerebrum geschobenem Cerebellum.
2. Fehlen des Foramen rotundum, Bau der Fissura sphenorbitalis.
3. Die horizontale Lage des Alisphenoid.
4. Die Unterteilung des Foramen pseudovale in 2-5 Einzeldurchtritte.
5. Die Ausbildung vorderer und hinterer Gaumenlücken.
6. Der Verlust des Jugale.

7. Zunehmende Vergrößerung der Nasalia während der Evolution.
8. Verlust des Processus angularis am Unterkiefer (tritt unabhängig von den Multituberculaten auch bei anderen mesozoischen Säugergruppen auf).
9. Die Entwicklung des "multituberculaten" und "plagiaulacoiden" Gebisses.

Diese Übersicht zeigt, daß die Multituberculaten auf primitiver Basis unter Beibehaltung zahlreicher reptilischer Merkmale viele und weit entwickelte einseitige Spezialisationen erworben haben, jedoch nur wenig Synapomorphien zu anderen Säugergruppen zeigen. Die anscheinend engen Beziehungen zu den Monotremata ebenso wie zu den Docodonta und Triconodonta beruhen zumeist auf gemeinsam bewahrten Symplesiomorphien und sind daher für die Bewertung der tatsächlichen Verwandtschaft wenig brauchbar. Der einzige wesentliche synapomorphe Merkmalskomplex, in welchem die Multituberculaten mit den genannten Gruppen übereinstimmen, ist der seitliche Schädelschluß durch die Lamina anterior petrosi und die Kürze des Cavum cranii bzw. die Lage der Fossa glenoidalis. KERMACK (1967) nimmt diese Übereinstimmung trotz vieler sonstiger Unterschiede zum Anlaß, Multituberculata, Docodonta, Triconodonta und Monotremata als Unterklasse "Prototheria" (= Non-Theria sensu THENIUS, 1969) zusammenzufassen und sie den "Theria" (= Orthotheria sensu THENIUS, 1969) gegenüberzustellen. Ganz abgesehen davon, daß der Schädelbau der mesozoischen Theria noch weitgehend unbekannt ist, erscheint es auch nicht sicher, ob die Lamina anterior petrosi tatsächlich nur einmal entstanden ist. Denn aus dem intermediären Zustand der fortgeschrittenen Cynodontier, bei denen Alisphenoid und Petrosum am seitlichen Schädelschluß annähernd gleich stark beteiligt sind (KERMACK & KIELAN-JAWOROWSKA 1971 Abb. 3, *Cynognathus*), kann sich die Reduktion des Alisphenoid und eine entsprechende Vergrößerung des Petrosum durchaus mehrmals unabhängig ausgebildet haben.

Unter Berücksichtigung dieser Möglichkeit und bei Betonung der vielen Autapomorphien der Multituberculaten erscheint ihre Zusammenfassung mit den Docodonta, Triconodonta und Monotremata nicht zweckmäßig. Ich halte es für besser, sie weiterhin im Sinne SIMPSONs als eigene Unterklasse, Allotheria MARSH, 1880, zu führen. Ein solches Vorgehen ist zumindest solange vertretbar, wie die Wurzel der Multituberculaten und deren Beziehungen zu anderen Säugergruppen unbekannt sind.

Innerhalb der Multituberculaten ist die Evolution der einzelnen Entwicklungszweige noch nicht hinreichend geklärt. Es kann als sicher gelten, daß die oberjurassischen Plagiaulacoidea im prinzipiellen Bau der Ahnengruppe der jüngeren Ptilodontoidea und Taeniolabidoidea entsprechen. Es ist jedoch umstritten, ob sich diese Überfamilien unmittelbar auf die bekannten Plagiaulacoidea zurückführen lassen. Im Gebißbau zeigen die Gattungen der Paulchoffatiidae neben ihren Primitivmerkmalen auch Sonderspezialisationen (Bau der i^3 und m_2), die sie als reale Ahnenformen ausscheiden lassen. Die Differenzierung der Familien der Ptilodontoidea und der Taeniolabidoidea aus dem plagiaulacoiden Evolutionsniveau ist noch weitgehend unbekannt. Es ist auch nicht wahrscheinlich, daß die lediglich nach dem Bau ihrer Incisivi innerhalb der Taeniolabidoidea vereinten Familien tatsächlich eine monophyletische Einheit darstellen. Auch die Beziehungen der Plagiaulacoidea zu den Haramiyoidea sind nur sehr unzureichend geklärt. Denn die Haramiyidae sind nur durch isolierte Zähne bekannt, und deren durchaus vorhandene morphologische Ähnlichkeit zu solchen von Paulchoffatiidae ist daher der einzige Verknüpfungspunkt. Aus diesen Gründen wird hier auf eine graphische Darstellung des Stammbaums der Multituberculaten verzichtet, dafür jedoch eine systematische Übersicht der Unterklasse gegeben.

Klasse M a m m a l i a LINNAEUS, 1758
Unterklasse A l l o t h e r i a MARSH, 1880
Ordnung M u l t i t u b e r c u l a t a COPE, 1884
Unterordnung H a r a m i y o i d e a HAHN, 1973
Nur isolierte Zähne bekannt, ähnlich gestaltet wie bei den Paulchoffatiidae, jedoch ohne deren Schmelzriefung und mit größeren Unterschieden in der Höhe der einzelnen Höcker. Wahrscheinlich die Ahnengruppe aller jüngeren Multituberculaten. — Ober-Trias.
Familie H a r a m i y i d a e SIMPSON, 1947 (= Microlestidae MARSH, 1887 = Microcleptidae SIMPSON, 1928).

Unterordnung P l a g i a u l a c o i d e a (SIMPSON, 1925), HAHN, 1969
Im Unterkiefer alle *p* an der Ausbildung der Schneide beteiligt. Obere *m* mit 2 Höckerreihen. Krone der *i* allseitig von Schmelz umgeben. — Ober-Jura bis Unter-Kreide.
Familie P a u l c h o f f a t i i d a e HAHN, 1969 (= Bolodontidae OSBORN, 1887)
Familie P l a g i a u l a c i d a e GILL, 1872

Unterordnung P t i l o d o n t o i d e a SLOAN & VAN VALEN, 1965
Im Unterkiefer Schneide nur von p_4 gebildet, lang. Obere *m* mit 3 Hökkerreihen. Krone der *i* allseitig von Schmelz umgeben. — ?Unter-Kreide, Ober-Kreide bis Eozän.
Familie P t i l o d o n t i d a e GREGORY & SIMPSON, 1926
Familie E c t y p o d o n t i d a e SLOAN & VAN VALEN, 1965 (= Neoplagiaulacidae AMEGHINO, 1890)
Familie C i m o l o d o n t i d a e MARSH, 1889

Unterordnung T a e n i o l a b i d o i d e a (GRANGER & SIMPSON, 1929), SLOAN & VAN VALEN, 1965
Im Unterkiefer Schneide nur von p_4 gebildet, kurz, oder völlig fehlend. Obere *m* mit 3 Höckerreihen. Krone der *i* nur noch mit labialem Schmelzband, gliriform, bewurzelt. Die Monophylie der Unterordnung ist nicht gesichert. — Ober-Kreide bis Eozän.
Familie C h u l s a n b a a t a r i d a e KIELAN-JAWOROWSKA, 1974
Familie S l o a n b a a t a r i d a e KIELAN-JAWOROWSKA, 1974
Familie E u c o s m o d o n t i d a e JEPSEN, 1940
Familie C i m o l o m y i d a e MARSH, 1889
Familie T a e n i o l a b i d i d a e GRANGER & SIMPSON, 1929

G. Zusammenfassung

Die Multituberculaten sind eine ursprüngliche Säugergruppe, die von der Ober-Trias bis in das Ober-Eozän in den Nordkontinenten verbreitet ist. In Fossilaufsammlungen sind sie im wesentlichen durch Kiefer- und Gebißreste vertreten. In den vergangenen Jahren war es möglich, auch ihren Schädelbau zu analysieren. Das postcraniale Skelett ist noch ungenügend bekannt und im wesentlichen durch Extremitäten-Reste vertreten.

Das Gehirn der Multituberculaten zeigt eigentümliche Züge, die bei keiner anderen Säuger-Ordnung wiederkehren (Abb. 1). Zu nennen sind die großen Hemisphären des Cerebrum, die das Cerebellum teilweise überdecken, die sehr großen Bulbi olfactorii und die für mesozoische Säugetiere beträchtliche Breite. Dieser Bau des Gehirns ist eines der wichtigsten autapomorphen Merkmale der Gruppe.

Entsprechend dem Hirnumriß ist auch die Schädelkapsel kurz und breit. Im Orbital-Bereich ist ein kennzeichnendes Merkmal die Verschmelzung des Foramen opticum, sphenoidale und rotundum zu einer großen Fissura sphenorbitalis (Abb. 2). Das Lacrimale ist zumeist mit den umliegenden Knochen verschmolzen; es konnte jedoch bei ober-jurassischen ebenso wie bei ober-cretazischen Formen nachgewiesen werden. Im Temporal-Bereich wird ein wesentlicher Teil der Schädelwand durch die Lamina anterior des Petrosum gebildet; das Alisphenoid ist sehr klein (Abb. 2). Dieser Bau der seitlichen Schädelwand ist deutlich unterschieden von derjenigen bei den Marsupialiern und Placentaliern, bei denen Alisphenoid und Squamosum den größten Teil der Wand in diesem Bereich bilden. Ähnliche Verhältnisse wie bei den Multituberculaten werden hingegen bei den Monotremen, Docodonta und Triconodonta angetroffen. Dem Jochbogen fehlt das Jugale; er wird lediglich vom Processus zygomaticus maxillaris und vom Proc. zyg. squamosi aufgebaut. Die Fossa glenoidalis liegt weit hinten, neben dem Cavum vestibuli. Der Schädel ist hinten kurz und gerundet (Abb. 7).

Basicranium und Petrosum zeigen zahlreiche ursprüngliche, von den reptilischen Ahnen übernommene Merkmale; als solche sind zu nennen: die Anwesenheit des Ectopterygoid, der Durchtritt der Carotis interna durch das Basisphenoid, das Persistieren eines kleinen Cavum epiptericum, die Verhältnisse im Bereich des Nervus facialis (F. stylomastoideum primitivum, Sulcus facialis, Canalis Fallopii), die Ausmündung der schlitzartigen Fenestra rotunda dicht neben dem Foramen jugulare, die nicht zur Schnecke aufgerollte Lagena und die Ausbildung des Processus paroccipitalis am Petrosum. Diese Merkmale treten zum Teil auch bei den Monotremen auf. Es handelt sich bei ihnen um beibehaltene Primitivmerkmale, denen eine größere phylogenetische Aussagekraft nicht zukommt. Abgeleitete Merkmale der Multituberculaten im Basicranium sind das kompliziert gebaute, horizontal gestellte Pterygoid und die Unterteilung des Foramen pseudovale in 2-5 Durchtritte (Abb. 3).

In der Hinterwand des Schädels sind als persistierende Reptil-Merkmale die Anwesenheit des Tabulare und des Canalis temporalis zu nennen (Abb. 5).

Die Schnauzenregion ist mäßig lang bis kurz und relativ breit. Die Nasalia werden im Verlauf der Evolution zunehmend vergrößert; auch die Breite des Schädels zwischen den Augenhöhlen nimmt zu. Die Gaumenfläche ist gekennzeichnet durch vordere und hintere Gaumenöffnungen, die in unterschiedlich starkem Maß entwickelt sein können (Abb. 6). Die vorderen Gaumenöffnungen dürften mit dem JACOBSONschen Organ in Verbindung gestanden haben; die Funktion der hinteren Gaumenöffnungen ist unbekannt. Der Nervus nasopalatinus tritt wie bei den Reptilien durch das Foramen nasopalatinum im hinteren Bereich der Gaumenfläche aus.

Der Unterkiefer zeigt einen kräftig entwickelten Processus condylicus, dessen Gelenkfläche bei den Gattungen des Malm nach hinten, bei allen jüngeren Gattungen aber aufwärts gerichtet ist (Abb. 9). Der Processus coronoideus ist relativ niedrig. Ein Angular-Fortsatz fehlt. Sowohl die linguale als auch die labiale Fläche des Unterkiefers zeigt kräftig entwickelte Muskel-Ansatzflächen für den M. masseter bzw. den M. pterygoidalis. Bei den Gattungen des Kimmeridge konnte ein rudimentäres Coronoid nachgewiesen werden (Abb. 8).

Die Bezahnung zeigt einen "plagiaulacoiden" Bau mit greifenden Incisivi, schneidenden Prämolaren und kauenden Molaren. (Innerhalb der rezenten Mammalia zeigen die australischen Potoroinae eine ähnliche, jedoch unabhängig entstandene Gebiß-Differenzierung). Bei den Gattungen des Kimmeridge ist die Schneide präadaptiv angelegt, aber noch nicht in schneidender Funktion; die Prämolaren werden noch horizontal abgekaut. Bei *Taeniolabis* aus dem Paläozän sind die schneidenden unteren Prämolaren sekundär verloren gegangen (Abb. 9). Die Molaren und die oberen Prämolaren zeigen einen "multituberculaten" Bau mit brachyodonter Krone und bunodonten Höckern. Zahnwechsel ist nachgewiesen (Abb. 12).

Vorder-Extremitäten und Hinter-Extremitäten sind im wesentlichen säugerartig entwickelt. Eine Ausnahme bildet das Scapulocoracoid, das Cynodonten-artig gebaut ist (Abb. 15). Im Pelvis konnten Beutelknochen nachgewiesen werden (Abb. 16).

Die Multituberculaten waren die ersten Pflanzenfresser innerhalb der Säugetiere. Klein von Gestalt (zumeist nicht größer als eine Maus oder Ratte), individuenreich und artenreich, nahmen sie im Mesozoikum ungefähr diejenige ökologische Nische ein, die unter den rezenten Mammaliern die Rodentia besetzt halten. Über mehr als 100 Millionen Jahre besiedelten sie N-Amerika, Asien und Europa. In der Ober-Kreide, zusammen mit dem Aufblühen der Angiospermen, zeigen auch die Multituberculaten eine reiche Entfaltung, die zur Entstehung zahlreicher neuer Familien führt. Einige von diesen entwickeln gliriforme Incisivi, die jedoch bewurzelt bleiben. Im Eozän beginnt der Rückgang der Gruppe, hervorgerufen wahrscheinlich durch zahlreiche Gruppen placentaler Säugetiere, die als Konkurrenten um Nahrung und Lebensraum sowie als Räuber in Erscheinung traten. Im Ober-Eozän verschwinden die letzten Multituberculaten; aus jüngeren Ablagerungen sind sie bis jetzt nicht bekannt geworden.

Die Multituberculaten sind mit keiner anderen Säugergruppe näher verwandt. Neben zahlreichen plesiomorphen, reptilischen Merkmalen zeigen sie viele autapomorphe, nur ihnen zukommende Spezialisationen im Bau des Gehirns, des Hirnschädels, des Unterkiefers und der Bezahnung. Synapomorph mit anderen ursprünglichen Säuger-Ordnungen (Monotremata, Docodonta, Triconodonta) sind der seitliche Schädel-Verschluß durch die Lamina anterior petrosi und die Kürze des Hirnschädels. Es ist jedoch nicht sicher, ob die Lamina anterior petrosi nur einmal entstanden, also bei allen genannten Ordnungen homolog ist. Es erscheint daher zweckmäßig, der durch SIMPSON gegebenen systematischen Gruppierung zu folgen und der Ordnung der Multituberculata den Rang einer selbständigen Unterklasse, Allotheria, zuzuerkennen.

H. Summary

The Multituberculata were a group of archaic mammals, having existed from the Upper Triassic to the Upper Eocene. They are recognized, above all, by remains of their dentition. More recently, the structure of the skull has become well known. However, from the postcranial skeleton only parts of the limbs have been found.

One of the most peculiar structures in their skull is the shape of the brain (fig. 1). It is relatively broad, for Mesozoic mammals, with large cerebral lobes overlapping the short cerebellum. The olfactory lobes are also very large. This particular structure of the brain is unknown in other mammals and one of the most important autapomorphic features of the Multituberculata.

Corresponding to the shape of the brain, the braincase is short and broad. The most important structure in the orbital region is the merging of the foramen opticum, sphenorbitale and rotundum into a large sphenorbital fissure (fig. 2). A lacrimal bone, formerly supposed not to be present, has been found recently in Upper Jurassic, as well as in Upper Cretaceous genera. In the temporal region a large part of the lateral wall of the braincase is formed by a process of the petrosal, called "lamina anterior" or "lateral flange" (fig. 2). The alisphenoid is very small. This structure of the temporal region differs markedly from the proportions found in modern mammals (marsupials and placentals), where a large alisphenoid and parts of the squamosal are the most important bones in the lateral wall of the braincase. A similar structure of the lateral wall, as in multituberculates, is present among recent mammals in the monotremes, and among Mesozoic groups in the Docodonta and Triconodonta. The zygomatic arch is constructed only by an anterior process of the maxillary and a posterior process of the squamosal; the jugal bone is missing. The glenoid fossa, in contrast to modern mammals, is situated very far posteriorly, by the side of the cavum vestibuli. Because of this, the occipital region of the skull looks very short and rounded (fig. 7).

In the basicranium and in the petrosal many plesiomorphic structures, known from mammal-like reptiles, persist. The following ones should be mentioned: the presence of an ectopterygoid bone; the persistence of a little cavum epiptericum; the entrance of the internal carotid through the basisphenoid; the course of the facial nerve (foramen stylomastoideum primitivum, sulcus facialis, canalis Fallopii); the slitlike fenestra rotunda situated near to the jugular foramen; the uncoiled lagena and the paroccipital process formed by the petrosal. Some of these primitive features are preserved also in the monotremes; they are synplesiomorphic structures and therefore without any great importance for phylogenetic relationships. Apomorphic structures in the basicranium of the multituberculates are the complicated build, horizontally oriented pterygoid and the subdivision of the foramen pseudovale into 2-5 different foramina (fig. 3).

Also, in the posterior wall of the braincase, tabular bones and the canalis temporalis are preserved as archaic structures (fig. 5).

The muzzle is medium in length, or short and relatively broad. The nasal bones become more and more enlarged during evolution, and the breadth of the skull between the orbites increases (fig. 7). The palate is characterized by anterior and posterior vacuities which may be developed in different degrees (fig. 6). The anterior ones probably were connected with the organ of JACOBSON; the meaning of the posterior ones is unknown. As in reptiles, the nasopalatine nerve passed through the palatonasal foramen in the posterior part of the palate.

The mandible shows a stout condylar process with its face directed posteriorly in Jurassic genera, but later on directed upwards (fig. 9). The coronoid process is not very high. An angular process is not present. Both the lingual and labial surfaces of the mandible show strong grooves for fastening the masseter and pterygoidal muscles. In Kimmeridgian genera a rudimentary coronoid bone is preserved (fig. 8).

The dentition is of "plagiaulacoid" type, with grasping incisors, cutting premolars (the crowns of the lower ones formed as a saw blade) and chewing molars. (This sort of dentition is present today in the Australian Rat Kangaroos, but independently evolved). In Kimmeridgian genera the use of the premolars in cutting is not yet in function, and in Paleocene time it is lost secondarily in *Taeniolabis* (fig. 9). The molars and upper premolars are "multituberculate" in structure, low-crowned and equipped with many bunodont cusps. Replacement of teeth is proved (fig. 12).

The fore limbs and hind limbs, as far as known, are mammal-like in structure, with one important exception: the scapulocoracoid is formed as in the cynodonts (fig. 15). In the pelvis a marsupial bone is present (fig. 16).

The multituberculates were the first group among mammals adapted to a herbivorous diet. Small in size (most of them not larger than a mouse or rat), taxonomically diverse and abundant, they were in Mesozoic times the ecological equivalent of modern rodents. For more than 100 million years they were widely distributed in the northern hemisphere. At the beginning of the Upper Cretaceous, when angiosperms appeared, many new evolutionary lines developed, some of them equipped with gliriform, but still rooted incisors. Their decline began in Late Paleocene and Early Eocene times, when many groups of placental mammals, such as rodents, primates, condylarthrs and carnivors, were present. These mammals competed with the multituberculates for food and living space and seeked them as good prey. Therefore at the end of the Eocene the last multituberculates had vanished; none has been found in younger deposits.

Multituberculates show no close relationship to any other group of mammals, and their origin is unknown. Besides by plesiomorphic, reptilian structures, they are also characterized by many important autapomorphic features in brain, braincase, muzzle, mandible and dentition. As a synapomorphic structure, only the presence of a large lamina anterior petrosi may be interpreted, found also in Monotremata, Docodonta and Triconodonta. But perhaps also this condition may have developed at least twice independently. Therefore it seems best to follow SIMPSON in grouping the order Multituberculata as an independent subclass, the Allotheria.

I. Literatur

GEWALT, W. & GRZIMEK, B. (1967): Kletterbeutler. — In: GRZIMEK, B. & al. (Hrsg.): Grzimeks Tierleben, *10* (Säugetiere 1): 111-137, mehrere unnum. Abb., Taf. Zürich (Kindler).

GIDLEY, J.W. (1909): Notes on the fossil Mammalian genus *Ptilodus*, with descriptions of new species. — Proc. U.S. nat. Mus., *36*: 611-626, Abb. 1-9, Taf. 70. Washington.

GRANGER, W. & SIMPSON, G.G. (1929): A revision of the Tertiary Multituberculata. — Bull. amer. Mus. natur. Hist., *56*: 601-676, Abb. 1-43, Tab 1. New York.

GRZIMEK, B. & HEINEMANN, D. (1967): Känguruhs. — In: GRZIMEK, B. & al. (Hrsg.): Grzimeks Tierleben, *10* (Säugetiere 1): 143-176, mehrere unnum. Abb., Taf. Zürich (Kindler).

HAHN, G. (1969): Beiträge zur Fauna der Grube Guimarota Nr. 3. Die Multituberculata. — Palaeontographica, (A)*133*(1/3): 1-100, Abb. 1-85, Tab. 1-20, Taf. 1-10. Stuttgart.

-- (1977a): Neue Schädel-Reste von Multituberculaten (Mamm.) aus dem Malm Portugals. — Geologica et Palaeontologica, *11*: 161-186, Abb. 1-11, Tab. 1-2, Taf. 1-3. Marburg/Lahn.

-- (1977b): Das Coronoid der Paulchoffatiidae (Multituberculata; Ober-Jura). — Paläont. Z., *51*(3/4): 246-253, Abb. 1-5, Taf. 23. Stuttgart.

-- (1978a): Milch-Bezahnungen von Paulchoffatiidae (Multituberculata; Ober-Jura). — N. Jb. Geol. Paläont., Mh., *1978*(1): 25-34, Abb. 1-5, Tab. 1. Stuttgart.

-- (1978b): Neue Unterkiefer von Multituberculaten aus dem Malm Portugals. — Geologica et Palaeontoligica, *12*: 177-211, Abb. 1-11, Tab. 1-3, Taf. 1-5. Marburg/Lahn.

HENKEL, S. & KREBS, B. (1977): Der erste Fund eines Säugetier-Skelettes aus der Jura-Zeit. — Umschau, *77*(7): 217-218, Abb. 1-2. Frankfurt am Main.

KERMACK, K.A. (1963): The cranial structure of the Triconodonts. — Phil. Trans. royal. Soc. London (B)*246*(727): 83-103, Abb. 1-14, Taf. 2-6. London.

-- (1967): The interrelations of early mammals. — J. linn. Soc., (Zool.)*47* (311): 241-249, Abb. 1. London.

KERMACK, K.A. & KIELAN-JAWOROWSKA, Z. (1971): Therian and non-therian mammals. — In: KERMACK, D.M. & KERMACK, K.A. (Hrsg.): Early mammals; Zool J. linn. Soc., *50*(suppl. 1): 103-115, Abb. 1-3, Taf. 1-2. London.

KIELAN-JAWOROWSKA, Z. (1969): Discovery of a Multituberculate marsupial bone. — Nature, *222*(5198): 1091-1092, Abb. 1-3. London, Washington.

-- (1970a): Results of the Polish-Mongolian palaeontological expeditions - part II. New Upper Cretaceous Multituberculate genera from Bayn Dzak, Gobi Desert. — Palaeont. Polon., *21*: 35-49, Abb. 1-2, Tab. 1-2, Taf. 10-17. Warschau.

-- (1970b): Unknown structures in Multituberculate skull. — Nature, *226* (5249): 974-976, Abb. 1-2. London, Washington.

-- (1971): Results of the Polish-Mongolian palaeontological expeditions - part III. Skull structure and affinities of the Multituberculata. — Palaeont. Polon., *25*: 5-41, Abb. 1-14, Taf. 1-5. Warschau.

-- (1974): Results of the Polish-Mongolian palaeontological expeditions - part V. Multituberculate succession in the Late Cretaceous of the Gobi Desert (Mongolia). — Palaeont. Polon., *30*: 23-44, Abb. 1-6, Tab. 1-2, Taf. 5-21. Warschau, Krakau.

-- (1975a): Possible occurence of marsupial bones in Cretaceous Eutherian mammals. — Nature, *255*(5511): 698-699, Abb. 1-2. London, Washington.

-- (1975b): Results of the Polish-Mongolian palaeontological expeditions - part VI. Preliminary description of two new Eutherian genera from the Late Cretaceous of Mongolia. — Palaeont. Polon., *33*: 5-16, Abb. 1-4, Taf. 1-6. Warschau, Krakau.

LANDRY, Jr., S.O. (1965): The status of the theory of the replacement of the Multituberculata by the Rodentia. — J. Mamm., *46*(2): 280-286, Tab. 1-2. Baltimore.
MATTHEW, W.D. (1937): Paleocene faunas of the San Juan Basin, New Mexico. — Transact. amer. phil. Soc., (n. s.)*30*: I-VIII, 1-510, Taf. 1-65. Philadelphia.
McKENNA, M.C. (1961): On the shoulder girdle of the Mammalian Subclass Allotheria. — Amer. Mus. Nov., *2066*: 1-27, Abb. 1-6. New York.
SIMPSON, G.G. (1926): Mesozoic Mammalia. IV. The Multituberculates as living animals. — Amer. J. Sci., (5)*11*: 228-250, Abb. 1-8. New Haven, Conn.
-- (1928): A catalogue of the Mesozoic Mammalia in the Geological Department of the British Museum. X + 215 S., 56 Abb., 12 Taf. London (Brit. Mus. natur. Hist.).
-- (1933a): The "Plagiaulacoid" type of Mammalian dentition. — J. Mamm., *14*(2): 97-107, Abb. 1-2. Baltimore.
-- (1933b): Paleobiology of Jurassic Mammals. — Palaeobiologica, *5*: 127-158, Abb. 1-6. Wien, Leipzig.
-- (1937): Skull structure of the Multituberculata. — Bull. amer. Mus. natur. Hist., *73*: 727-763, Abb. 1-9. New York.
SIMPSON, G.G. & ELFTMAN, H.O. (1928): Hind limb musculature and habits of a Paleocene Multituberculate. — Amer. Mus. Nov., *333*: 1-19, Abb. 1-6. New York.
SLOAN, R.E. & VAN VALEN, L. (1965): Cretaceous mammals from Montana. — Science, *148*(3667): 220-227, Abb. 1-6, Tab. 1. Washington.
STADTMÜLLER, F. (1936): Kranium und Visceralskelett der Säugetiere. — In: BOLK, L. & GÖPPERT, E. & KALLIUS, E. & LUBOSCH, W. (Hrsg): Handbuch der vergleichenden Anatomie der Wirbeltiere, *4*: 839-1016, Abb. 635-696; Berlin, Wien (Urban und Schwarzenberg) (Neudruck 1967).
THENIUS, E. (1969): Phylogenie der Mammalia. Stammesgeschichte der Säugetiere (einschließlich der Hominiden). VIII + 722 S., 715 Abb. Berlin (de Gruyter).
VAN VALEN, L. & SLOAN, R.E. (1966): The extinction of the Multituberculates. — Syst. Zool., *15*(4): 261-278, Abb. 1-5, Tab. 1-2. Washington.
VOSS, H. & HERRLINGER, R. (1957): Taschenbuch der Anatomie, *1*. Einführung in die Anatomie, Bewegungsapparat. — 9. Aufl., VIII + 349 S., 172 Abb. Jena (VEB G. Fischer).

Anschrift des Verfassers: Prof. Dr. Gerhard HAHN, Philipps-Universität Marburg, Institut für Geologie und Paläontologie im Fachbereich Geowissenschaften, Lahnberge, D - 3550 Marburg, Bundesrepublik Deutschland.